大夏书系·学校领导力

学校管理的
50个
典型案例（第2版）

程凤春 主编

华东师范大学出版社
全国百佳图书出版单位

图书在版编目（CIP）数据

学校管理的50个典型案例/程凤春主编.—2版.—上海：华东师范大学出版社，2018

ISBN 978-7-5675-7420-5

Ⅰ.①学… Ⅱ.①程… Ⅲ.①校长—学校管理—研究 Ⅳ.① G471.2

中国版本图书馆 CIP 数据核字（2018）第 015911 号

大夏书系·学校领导力

学校管理的50个典型案例（第2版）

主　　编　程凤春
策划编辑　任红瑚
审读编辑　万丽丽
封面设计　淡晓库

出版发行　华东师范大学出版社
社　　址　上海市中山北路3663号　邮编　200062
网　　址　www.ecnupress.com.cn
电　　话　021-60821666　行政传真　021-62572105
客服电话　021-62865537
邮购电话　021-62869887　地址　上海市中山北路3663号华东师范大学校内先锋路口
网　　店　http://hdsdcbs.tmall.com/

印 刷 者　北京密兴印刷有限公司
开　　本　700×1000　16开
插　　页　1
印　　张　15
字　　数　225千字
版　　次　2018年3月第二版
印　　次　2025年5月第二十二次
印　　数　58 101-59 100
书　　号　ISBN 978-7-5675-7420-5/G·10909
定　　价　45.00元

出 版 人　王　焰

（如发现本版图书有印订质量问题，请寄回本社市场部调换或电话021-62865537联系）

目录

第 2 版说明 ……001
编者的话 ……003

学校发展

1. 学校文化建设从围棋特色着手 ……003
2. 从卫生工作抓起 ……008
3. 生源差、学风差，新任校长怎么办 ……012
4. 办公楼设计方案的选择 ……017
5. 用大数据"导航"学生成长 ……021
6. "集中招标"打包校园物业 ……026
7. 校长抓教学还是抓建设 ……030
8. 集团化办学要注意什么 ……034
9. 用企业的方式管理学校 ……039

用权与用干部　　第二辑

10. 学校的大小事务都由校长说了算吗　……045
11. 以走班制为核心的全面改革　……049
12. 新任校长改革校纪校规引发的困惑　……054
13. 胡校长为什么没有做出业绩　……058
14. 李校长的"无为而治"　……063
15. 两所中学的"内部管理体制改革"会议　……067
16. 人治好还是法治好　……071
17. 校长的越级指挥　……076
18. 学校干部培养的困境　……081
19. 对语文组组长的惩罚　……085

人事管理　　第三辑

20. 林老师能否被评为优秀教师　……091
21. 名师工作室能培养名师吗　……095

22. "刺儿头"老师 ……099

23. 学校与教师的法律关系 ……104

24. 下午的签到该不该取消 ……108

25. 评职称引发的风波 ……112

26. 刘老师为什么不走了 ……115

27. 一项人事聘用工作的处理 ……120

28. 坚决不做文科班的班主任 ……124

29. 该不该补发工资和奖金 ……128

30. "情书"引发的争论 ……132

德育管理　　　　第四辑

31. 如此处理考试作弊行吗 ……139

32. "校园欺凌"何时休 ……144

33. 如何关爱离异家庭的学生 ……149

34. 学校该不该实行封闭式管理 ……154

35. 剪发风波 ……158

36. 家校合作为孩子的未来撑起一片天 ……162

37. 处理早恋问题的艺术 ……167

38. 这样改革班级管理行不行 ……171

39. 学生在校的安全由谁负责 ……175

40. 偷糖风波 ……179

教学管理

41. 办学条件不足，如何提高教学质量 ……185

42. 调班风波 ……189

43. 迟到的处分 ……193

44. 从"要我写"到"我要写" ……196

45. 校本课程这样开发行吗 ……201

46. 可以用简案代替教案吗 ……206

47. "涂卡评分"带来的尴尬 ……210

48. 升学奖风波 ……215

49. 综合实践活动课程该如何存在 ……218

50. 班"走了"，怎么管理 ……223

第 2 版说明

从 2008 年到现在，中小学教育实践又有了新的进展，出现了许多新情况。学校的法制化程度越来越高，学校更加规范、更加严谨了；学校信息化水平显著提高，大数据技术也开始在学校里应用；学校文化建设逐步深入，学校文化氛围越来越浓厚了；校本课程已经成为中小学的新趋势，学校课程开发能力逐渐强大起来；集团化办学从星星之火到燎原之势，发展迅猛；走班制教学随着新的中高考改革逐步普及开来，给学校管理带来了新的挑战。所有这些变化和新的情况已经让 2009 年版的《学校管理的 50 个典型案例》落伍了，到了该修订完善的时候了。

本次修订保持了第 1 版的结构、风格和规模，总量上更新了 1/3 的案例。剔除了特别短的案例和比较陈旧的案例，补充了反映近几年中小学新情况的案例，如集团化办学、大数据背景下的学校管理、家校合作、教育科研管理、走班制教学等。在每篇新增案例后面都提出了 3～6 个相关问题，并针对这些问题进行了理论和实践分析。对于保留的案例我们都进行了认真的研究，完善了提问和案例分析。新增案例与保留的案例在正文的风格、问题提出和案例分析上基本保持一致，以保证本书的均衡之美。

我们要特别感谢处在中小学教育一线的广大读者，是他们对本书的踊跃购买和关注给了我们修订本书的动力；我们也非常感谢华东师范大学出版社的任红瑚女士，是她的不厌其烦的督促推动使我们不敢懈怠，抓住一切可利用的时间完成了本书的修订。

　　本书第 2 版的编写人员包括程凤春、焦楠、巨琛琛、钱贺鹏、杨睿、刘誉，焦楠参与了前期的组织和协调工作，最后的统稿由程凤春和巨琛琛完成。

程凤春

2017 年 7 月

于北京师范大学

编者的话

作为一种正规的教学和学习方式,案例教学或学习发端于美国的哈佛大学,最早应用于法律和医学教育领域,并获得巨大成功,后来被引入教育管理领域。1921年,美国哈佛大学的一位教授出版了第一本管理案例集,奠定了教育管理中案例教学法的基础。到了20世纪60年代,案例教学法渐趋成熟并开始广泛应用。我国自20世纪90年代开始在教育管理领域引入案例教学法。据说哈佛商学院的教授们有一个共同的信念:管理的精髓在判断,讲授只能传授知识和经验,而能力的培育离不开实践,案例讨论就是培育判断能力的一种模拟实践。

在案例教学法或称案例学习法的倡导者看来,案例教学或学习是最节约时间、成本最低、最有效的学习。它能让学习者以最小的消耗获得最大成果,让学习者在较短的时间里面对大量的"真实情境和困境",扮演多种角色——校长、副校长、中层干部、教师,设身处地地从自己扮演的角色出发,分析问题,解决问题;使学习者从成功案例中学习经验,从失败案例中吸取教训,从困境案例中学习摆脱困境,从危机案例中学习处理危机。与纯粹的理论学习相比,案例学习摆脱了空洞的理论说教;与亲自参加社会调查研究和身临其境的"体验式教学"相比,案例教学是最节约时间、费用最少的"社会实践"。不仅如此,案例学习还能够有效激发学习者的学习动力。这不仅因为案例本身生动,有趣,富于挑战性,还因为学习者可以在学习中尝试扮演各种角色——校长、副校长、中层干部、普通教师或者局外人。

案例学习要想取得好的效果，有两个环节很重要：提出问题和分析问题。提出问题是案例学习的关键。提问的目的在于探索知识和激发学习动力。进行案例教学或学习时要勇于和善于提出问题。有人从技术角度，将提问分成10种类型。第一，开放式问题。如："什么是问题的关键？""你将作何决策？"第二，诊断性问题。如："你怎样进行分析？""你的结论是什么？"第三，信息寻求问题。如："学校的规模多大？"第四，挑战（检验）性问题。如："你何以作这样的判断？""你这样处理的理由是什么？"第五，实施性问题。如："如果你是该校校长，你如何处理这个问题？"第六，轻重缓急问题。如："你将按照什么顺序来处理这些问题？"第七，预测性问题。如："根据你的分析，老教师会作何反应？"第八，假设性问题。如："如果不换老校长，这个问题还会出来吗？"第九，延伸性问题。如："从这个案例里，你受到了什么样的启发？"第十，普遍化问题。如："一所学校的核心竞争力是什么？"

案例教学或学习的目的不是给出唯一的正确答案，事实上也不存在什么绝对正确的答案，存在的只是可能正确处理和解决问题的基本思路和具体方法。案例教学或学习的目的是学会在面对纷繁复杂的情况时，如何去思考，如何作决策，锻炼分析能力、判断能力以及决断的勇气。所以，案例学习时不要过分重视是否得出正确答案，甚至是否得出答案，而更应重视得出结论的思辨和推理过程。在案例学习中，学习者要善于思考和分析，对案例涉及的"命题"进行思考，对案例中的"问题"或者自己针对案例提出的"问题"进行解释和原因分析，对"问题"的解决方案进行推理，对推导出的解决方案进行质疑。为了增加思辨和推理的深度，要多视角地分析问题，对同一个问题，要从不同的环境、不同的身份、不同的理论出发进行分析。如果是一个优质学校，该如何做？如果是一个普通学校，会如何做？如果是一个薄弱学校，又会如何做？如果你是校长，该如何对待？如果你是中层干部，会如何对待？如果你是普通教师，又会如何反应？按照科层管理理论，如何处理？按照人本管理理论，如何处理？按照学习型组织理论，又该如何处理？

为了更好地利用案例进行学习，我们提倡小组讨论式的案例学习，3～7个人组成一个小组开展案例讨论。由于学习者的背景不同、出发点不同，分析的视角就会不同。这样，每个人不用冥思苦想就能很快得到多种分析和解决问题的思路。同时，每个人的分析也会及时得到反馈、质疑。这不仅能引发学习者的深入思考，而且会激发他们的学习兴趣。

本书共选编了50个案例。由于数量有限，这些案例只涉及了学校管理的主要方面，而不是全部内容。对于这些案例，我们按照学校发展、用权与用干部、人事管理、德育管理、教学管理等栏目进行了归类。但是必须看到，许多案例的内容是非常丰富的，有些案例甚至是综合性的，并不仅仅是发展问题、用权问题、人事问题、德育管理问题或教学管理问题。之所以作这样的归类，主要是依据成书编排结构化的需要，再结合我们对案例主要特征的理解。我们希望学习者在使用这些案例时，不受我们分类的限制，作更广泛、更全面的分析。

对于每个案例，我们都提出了一些需要思考的问题，并结合这些问题对案例进行了分析，给出了部分解答，但这些都只是引玉之砖，我们希望学习者能够更加广泛地、多视角地提出更多问题，以便引发深入思考。我们给出的案例分析和问题解答，只是若干分析和解答中的一种，不是唯一的，也不一定是最好的。我们的意图不是给出标准答案，而是引发思考，甚至思想上的碰撞，以便激发起学习者深入思考的动力。所以，对于每个案例后的分析，学习者最好带着挑剔的眼光或者质疑的态度去阅读。

本书是集体劳动的结晶。书中的绝大多数案例是在一些教育工作者提供的原始素材的基础上加工而成的。这里，我们要对他们的劳动表示尊敬和感谢。考虑到既要尊重他们的劳动成果，又要保护他们的隐私，书中只给出了他们的姓名，而没有出现他们的单位信息。还有些案例，无法查到原始提供者，所以没有标注。

本书的编写人员包括程凤春、卢家婧、王佳、冀芳、曹原，卢家婧、冀芳还参加了统稿工作，最后的统稿由程凤春完成。本书编者要特别感谢华东师范大学出版社的编辑任红瑚女士。该选题是她首先提出的，在编写过程中更是不断提出有见地的建议，并对完稿时间的一再推延给予了充分的理解。

程凤春

2008年8月

于北京师范大学

第一辑

学校发展

1. 学校文化建设从围棋特色着手

案 例

某年冬天，孙校长受任于危难之际，带着区教委对她的期望来到了这个乍看起来并不起眼的 B 小学。之所以说危难之际受命，是因为当时学校教学质量低下，教师无心教学，学生无心学习，整个学校一盘散沙。究其原因，乃是教师们不满前任校长，其反抗方式以"非暴力不合作"为主（不认真备课，不好好上课），向上级打报告为辅，折腾至此，前任校长自然被罢免。但是群龙不可无首，教委经再三挑选，派孙校长前来任职。

新官上任三把火，孙校长一来到学校就严抓教育质量，对个别不认真备课的教师也曾痛斥过。当然，也不能全来硬的，由于之前教师与校长之间的关系比较紧张，孙校长就一一与教师谈心，努力解开每个人的心结。

来到学校没多久，孙校长发现这里的孩子个个都很好动，上课的时候总是难以静下心来。当然，活泼是孩子的天性，但是过于活泼以致影响学习，总归是一件让人头疼的事情。话说也是一次偶然的机会，孙校长发现朋友家 9 岁的儿子，这个去年还经常调皮捣蛋、在椅子上坐不住 3 分钟的孩子，竟然在短短一年内变得彬彬有礼，很是安静。孙校长带着不解与疑惑再次拜访了朋友，这次解开了她心里的谜团——原来是朋友将儿子送去学围棋。孙校长内心非常激动，此刻心中沸腾的是她或许找到了帮助数百个孩子的办法！回去后，孙校长立刻查找围棋的相关资料：作为我国一项古老的运动，围棋主静不主动，主和不主杀，从事此项运动的人必须凝神静气，清除杂念，方能运筹帷幄之中，决胜千里之外。了解到这一点，孙校长知道，她的机会来了。

很快，她在学校创立了围棋社，提倡每个 B 小学的学生都会下围棋，并将此作为学校的特色。一开始只是很简单地请社区围棋学校的老师来给学生上课，后来逐渐开始研发与围棋有关的校本课程，并且自编了《走进围棋》的校本教材。其中就有针对低年级开设的棋子画，将围棋与美术教学相结合，以及将围棋特色与体育课程相结合开发出的围棋皮筋操。

几年下来，B 小学成为了该区第一所围棋特色学校。如今的 B 小学彻底摆脱了过去一盘散沙的状况，人心凝聚在一起，在周围社区也树立了良好的形象。不仅如此，孙校长在学习围棋的过程中发现围棋的最高境界是和谐，虽然黑白二子的厮杀不亚于千军万马对阵，但是对弈双方在这个过程中不伤和气，以和为贵。在下围棋的过程中，孙校长想到了曾经火药味十足的小学，她深知和为贵的意义所在。逐渐地，她提出"和谐共成长"的办学理念，希望全校师生能够在和谐、融洽的氛围中共同成长。植根于传统围棋文化，孙校长与高校专家立项合作，学校采取问卷以及征文的形式向全校教师、学生以及家长征求意见，以期共同打造 B 小学的文化建设方案。

（案例改编自《学校赢在文化》，马健生等，教育科学出版社，2013 年 4 月）

思考题

1. 孙校长将围棋作为学校发展的特色，这一做法合适吗？
2. 校长在学校文化建设过程中应该扮演怎样的角色？
3. 你认为，学校文化建设应从哪几个方面着手？
4. 如何看待学校特色与学校文化之间的关系？
5. 请运用相关理论，对孙校长的管理方式和领导风格进行简要分析。

案例分析

随着社会历史的发展，管理思想由经验管理、科学管理逐渐过渡到文化管理，学校文化也成为学校管理实践中的重要问题之一。作为学校内有关教学及其他一切活动的价值观念及行为形态，学校文化日益成为学校能动、可持续发展的内在动力，学校文化的重塑也成为当下课程改革顺利实施的基础。案例中，孙校长临危受命，为了扭转 B 小学混乱的教学局面，她将围棋引入校园并作为学校的特色。以围棋特色为根基，如何深入发掘其背后的文化内涵并建设有特色的学校文化，是孙校长面临的管理难题。

每个学校都有自己的办学历史和传统，因此每个学校都有其独特性。然而，学校特色文化的发展不应盲目跟风，更不能空穴来风，而要立足于校本实际，选择那些符合学生发展需求、体现学校办学理念的项目。孙校长选取围棋这一运动的初衷是解决学生难以安心听课的实际问题，以此来培养学生的学习品质。在长期的积累过程中，围棋特色因其表面价值得以确立，围棋背后"和谐"的价值内涵也逐渐融入学校各个方面。"围棋"精神与孙校长的办学理念相吻合、相匹配，以此为基础进行学校文化建设是比较合适的。

在学校文化创建、培育、成熟的不同阶段，校长扮演着不同的角色，校长领导力的表现和作用形式也会随之变化。案例中，孙校长初到 B 小学时，B 小学连正常的教学秩序都难以保证，学校文化更是无从谈起。在这种情况下，学校文化如何从无到有呢？著名文化学者沙因认为，学校组织文化有三个来源：学校创建者——第一任校长的信念、价值观和假设；学校团体成员随着学校发展而形成的学习经历；新校长和新成员所带来的新信念、新价值观和新假设。

对抗与冲突曾是 B 小学的主旋律，在转向寻求新的领导者后，孙校长将她个人的工作理念、态度与风格赋予这所学校，她崇尚和谐就努力缓解人际关系，她偶获启发就全校推行围棋运动，她由围棋之道提出"和谐共成长"的理念。同时，孙校长以和谐、合作的方式解决了学校面临的一个个难题，不仅使 B 小学的面貌焕然一新，而且得到了师生的认可和强化，生成了共享的行为与信念。当这样的经验最终沉淀下来成为理念性的东西并为全校师生所认可时，学校文化就得以初步生成。

然而，仅仅拥有办学理念是远远不够的。根据沙因对学校文化层次的划分，我们可以从物质文化、行为文化、制度文化和精神文化四个方面着手开展 B 小学的文化建设。首先，学校外观、建筑设计、空间布局等物质文化是最可见、最易接近的文化层次，这类表象层的文化是"非常清晰"和容易

"触摸的"，有较强的情绪感染力。因此，孙校长可以利用学校外观、建筑设计、空间布局等植入围棋特色的"和谐"理念。她可以将学校教学楼及专业教室设计为以黄色为主基调，并在学校各个角落设置与围棋相关的标语、古代图画等等，以此来调动师生的视觉、触觉等感官体验，从而强化围棋文化的信息。其次，行为文化是学校全体成员的行为方式及其承载和表达这些行为方式的活动。B 小学可以在开发校本课程和教材的基础上，通过开展围棋竞赛、围棋历史展览等特色活动使围棋精神深入人心。

再次，学校可以通过描述重要事件、进一步完善组织的各项制度和应对危机的方式来进一步巩固根植围棋特色的"和谐"文化。目的是使师生能够根据正式的声明和非正式的文化规范来感知、解读和调整自己的行为方式。同时，学校制度也可以保证特色文化建设的连续性，避免因领导者换届而造成中断。最后，B 小学应用相对规范的语言或文字将承载其价值观和假设的学校核心价值体系精心和清晰地陈述和表达出来。孙校长可以与教师一起头脑风暴、开座谈会，在认真阅读、反思学校文化的历史与现状的基础上，深入理解学校围棋特色背后的深层意蕴，从而挖掘适合师生发展的积极因素，并通过培养目标、办学目标、校训、校风等具体地外化出来。

我们还可以对孙校长的领导方式进行分析。在教育管理学中，校长的领导方式可以分为以下几种类型：专断型领导方式、民主型领导方式、权变型领导方式与放任型领导方式。专断型领导方式强调高度集中统一，由领导者作出决策，下级无权参与并且必须无条件执行和服从领导者的决定。民主型领导者承认教职工是学校的主人，在工作上主动引导教职工参与决策制定和整个管理过程。权变型领导者认为领导方式的有效性是多种因素共同作用的结果，不存在唯一有效的领导方式。放任型是一种领导者任由下级各行其是、各自为政的领导方式。

在案例中，我们可以看出孙校长采取的是民主型领导方式。针对学校文化建设这一问题，孙校长通过问卷调查与征文的形式向教职工、学生、家长征求意见，期望得到更多的决策信息和选择方案，而不是根据自己的喜好、主观意志一人做主。学校特色文化的建设，并不是校长一个人的事情，需要全体师生群策群力、共商共建。因此，校长采取民主与合作的方式，可以减少决策的失误，赢得教职工的支持，增进组织团结，从而形成良好的组织氛围，有利于作出有效决策。同时，我们也应该看到，孙校长与前任校长在面对与教师之间的冲突问题上采取了不同的态度。面对教师们的不满与抗议，前任校长没有及时、有效地化解矛盾，反而使矛盾更加激化，转化为消极破坏性冲突，进而使整个学校的教育工作趋于停滞。而面对与教师在备课问题上产生的冲突，孙校长将刚性与柔性手段相结合：一方面，批评可以对教师起到警示的作用；另一方面，与教师一一谈心以解开心结，可以为教师提供心理安全感并促进彼此的理解，将对抗化解至最低，最终将其转化为积极建设性冲突。

2. 从卫生工作抓起

案 例

某校新任校长初到学校,看到学校卫生状况非常差,整个校园环境凌乱不堪。经过一段时间的调查,他发现不少学生学习马虎,品行也较差;教师们也是各扫门前雪,拧不成一股劲儿。怎么办?思考了一段时间,同时也跟一些教师交换了意见,最后校长决定:从卫生工作抓起。

于是,在一次行政会议上,校长提出了工作想法,以为不会有什么人反对,所以也未加以太多的说明。谁知,领导班子中有人当场就说:"学校主要问题是教学上不去,抓工作,首先应是教学,而不是卫生。"虽然这样,大扫除的工作还是布置了,但大扫除过后,校长发现,很多教师、学生只是在例行公事,情况并没有得到根本改观。怎么办?他分析了一些教师、学生的意见和思想,深感自己把问题简单化了。于是,他拟定了一份校园环境整顿计划,并把其中缘由在行政会议及教师大会上加以说明和强调,通过反复讨论,大家思想逐步统一。最后,校长决定实施清洁卫生周计划。

一学期下来,学校的卫生工作得到了极大的改观,其他工作也有了长足的进步。

思考题

1. 学校以教学工作为主,新任校长却先抓清洁卫生工作,这样做合适吗?
2. 分析卫生工作对学校全局工作的重要性。
3. 请对校长在清洁卫生工作中的管理行为作出评价。

4. 如何从学校实际出发，选择工作的突破口，推动全局工作？

5. 同样是抓卫生工作，前后效果却不同，试分析其缘由。

6. 假如你是该校校长，下一步如何开展工作？

案例分析

在本案例中，新任校长把清洁卫生工作作为推动学校全局工作的突破口，我们可以从多个角度对校长的工作思路作出分析和评价。在实际工作中，有很多事情等着管理者来处理，但是由于管理者的时间和精力有限，不可能同时抓很多事情，必须作出抉择：先做什么，后做什么。不仅如此，有时为了突出重点，管理者会有意识地在一段时间内集中精力做一件事情。本案例中有两个因素值得注意：新校长和薄弱学校。对一个新校长和一个薄弱学校来讲，需要采取一些能够很快见到明显成效的措施，让教职工、家长看到校长的管理风格和能力，看到学校的变化，满足他们的群体期望进而稳定人心、振奋精神。相比之下，显然抓卫生工作见效快、成效明显，同时能够在全校范围内推行，防止不同部门间产生矛盾和分化，而抓教学工作则要很久才能见到成效。

的确，教学是学校的中心工作，学校应该以教学为主，但这不是说其他工作无关紧要。学校管理的一般规律是一切从实际出发。学校作为一个整体，只有各项工作协调有序运转，才能取得良好的办学成效。整体观启示我们，不仅要从全局出发考虑问题，更要关注各项工作之间的相互作用。学校的总务工作服务于教学工作，在学校工作中具有举足轻重的作用。学校不仅要抓住教学这个中心环节，也要全面发展总务工作，为促进教学服务。如果学校环境太差，其他方面的工作解决不好，教学工作也无法进行。良好的环境可以振奋人心，提高师生的工作和学习效率。学校的中心环节是搞好教育、教学工作，任何严重影响学校教学的问题都要尽力解决。

案例中，新任校长的第一件事就是抓清洁卫生工作，引发了教师的争议。从学校实际情况来看，该校校园凌乱不堪的程度已经影响到学生和教师的教学生活，在这种情况下，只有解决好卫生清洁工作，才能使学校教学工作步入正轨。同时，卫生工作也是重要的教育因素，通过卫生工作，可以使学生养成讲卫生、爱整洁、有秩序的习惯和品质，有助于今后的学习。

在管理学上有一个公式：决策效果＝决策质量×对决策的认可程度。意思是说，决策的最终效果除了与决策的科学性有关外，还与决策的执行者对决策的认可程度密切相关。在学校管理实际工作中，常常会出现这样的情况：作出决策的人往往不是决策的执行人，或者不是决策的唯一执行人，这种决策的最终效果并没有完全掌握在决策者手中，决策执行者对决策的认可程度在很大程度上决定决策的最终效果。在这种情况下，决策者需要想办法提升相关人员对决策的认可度。本案例中，同样是抓卫生工作，前后效果却是两样，原因就是认可度不同。后者，校长不仅制订了比较详细的落实计划，而且通过会议说明、讨论等方式使教师也认识到卫生工作的重要性，教师的主动性提升了，再加上具体可操作的行动方案，卫生工作自然效果显著。

为了使学校的教职工更好地认同自己的决策，避免简单服从甚至是抵制与疏远，校长需要合理地运用自己的权力。相关研究发现，个人形成对管理者的忠诚是一个社会交换过程，当管理者表现出对下属的关心、信任和慈爱时，会得到进一步发展，这种接受和信任会增强下属对管理者的友好和认同感。本案例中，作为一名新任校长，他可以通过保持信息畅通、了解下属渴求、合理适当授权、共同参与决策、树立行为榜样等方式，令人信服地表现自己的管理能力，在教职工群体中赢得尊重与信任，从而使下属更好地认可自身的决策。

从卫生工作本身来看，它贵在检查（坚持），持之以恒。如果只有"大扫除"，只有临时突击，仍然不可能保持校园整洁。只有把卫生工作经常化、制度化，才会有一个整洁的环境。在案例中，抓卫生工作初始，校长用一天时间搞卫生清洁，并没有收到良好的效果，校园环境没有得到根本改观。由此，校长认识到卫生工作的特点，通过制订校园环境整顿计划取得了比较好的成效。

在卫生工作取得一定成果后，校长如何开展下一步工作呢？我们知道，校长的职责是主持学校所有的工作，但是时间、精力、知识和能力又不允许校长样样都干，所以校长的领导主要是思想领导、组织领导。对于该案例，校长下一步的工作，要注意以下几方面：(1) 要继续保持卫生工作的成果并不断推进，同时把工作重心转到教育教学上来；(2) 规划好学校的发展蓝图，并获取全体教职工的认可和承诺；(3) 健全和完善学校的组织体系，选拔合适的人才承担各级各类管理工作；(4) 健全各项规章制度，打造规范高效的教育教学秩序。在具体工作中，校长围绕教学工作推动学校全局工作时，要讲究领导艺术，提高领导水平，包括校长要善于决断、善于用人、善于团结干部、善于运用时间等。这也需要校长带领学校领导班子不断进修提高。

3. 生源差、学风差，新任校长怎么办

案 例

某学校为一所中等职业学校，在校生2000多人，曾经有过辉煌的历史。在20世纪80年代后期和90年代中期一度被评为"北京市骨干学校"和"国家级重点学校"，这两块牌子现在仍然挂在学校大门最显眼的地方。90年代中后期，随着我国教育的微妙变化，学校也发生了巨大的变化。首先，大学扩招引发了普高热的持续升温，使得这所学校的生源质量出现了严重的滑坡。原来学校录取学生的最低分数线在540分左右（中考），现在录取分数一降再降，从二三百分降到一二百分，前几年还一度出现过登记入学的学生，中考六门课的成绩加起来不过百的学生也大有人在。入学门槛降低了，新入学学生的素质也越来越低，很多人有很多不良习惯：打架斗殴、起哄骂人、口吐脏字、抽烟喝酒、破坏公物甚至抢劫盗窃。总之，这是一批不合格的初中毕业生。其次，学校原隶属于市经委下属的某工业局，属于企业办学，随着北京市产业结构的调整，学校划归市教委系统管理，现在该学校是市教委直属学校。带领全校师生勇创国家级重点学校的老校长退休了，由工业局委派的过渡校长在该校工作了不满两年后也退休了。新校长上任后遇到了一系列问题：

其一，学校的同一个计算机房连续三次被盗，每次盗窃时间间隔均在一到两个月，所丢的都是计算机的内存条和硬盘。第一次失窃后，学校将所有的计算机房都安装了防盗门，第二次是计算机房的防盗门被撬开了，计算机房再次被盗，第三次失窃后学校在所有机房安装了远距离防盗报警器。三次失窃事件公安机关均介入其中，但至今未破案。当然有过第四次盗窃，但由于防盗报警器的及时报警而未失窃。以前，计算机房上课时丢失内存条的现

象也曾发生过,但仅限于一两台机器,在老师的严密追查下,盗窃者会将内存条通过邮局寄回。像这种大规模的、连续的盗窃比较罕见。

其二,学校的公物经常遭到破坏。楼道里的开关经常被砸坏,有时刚刚修好的开关第二天又被砸坏。教学楼二层有间办公室,某个星期一发现有一块玻璃被砸碎了,修理好后过了两天这块玻璃又被砸碎,再次修理好后又过了一个星期,这间办公室的13块玻璃被砸光。另外,诸如将干粉灭火器在教室里狂喷、将不锈钢的果皮箱个个踢扁、将墙上贴的宣传标语撕毁等现象更是家常便饭。

其三,学校学生的学习风气极差。在课堂上大声说话、打闹、随意溜出教室、逃课缺席的现象比比皆是。上课睡觉的学生还算好的,至少他不捣乱。老师留的作业若有10%的学生去做就非常不错了,这其中不乏有用复写纸处理的作业。上课时搂抱接吻的学生时有所见,学生下课后去厕所抽烟已不是秘密。至于上课时用手机互相联系更是家常便饭。

其四,学校规定学生要穿校服,但是每个班不穿校服的学生要占到三分之一。有的学生虽然身穿校服,但是校服上画满了各种图案,或是绣上、贴上了各种图形。若要问起学生为什么要绣或贴图案,回答总是"校服上破了个洞补上的"。另外,学校也规定学生不能戴首饰,但是女同学几乎都戴项链或者戒指,而男同学戴耳钉或者耳环者也不在少数。

以上所描述的这所学校,有些耸人听闻,但是它确实是一所真实学校的现状。据了解,在中等职业学校里,像上述这样的学校不在少数,只不过程度不同罢了。面对这样的学校,新上任的校长该如何扭转乾坤?

(姚毅军)

思考题

1. 如果你是校长,如何看待学生偷窃、破坏公物的现象?这些行为与他们所处的年龄阶段、家庭背景、学业成绩有何关系?

2. 针对生源的变化,学校的工作应作哪些调整?工作重心是否应有所变化?

3.德育管理方面，校长应采取何种管理方式？针对学生的特点，应采取何种有效的措施？

4.学生学习风气差、道德问题严重，严重影响了学校的正常运作，作为新任校长，你如何扭转局面？学校的工作重点在哪儿？

案例分析

中等职业学校既要让学生学到一定的文化基础知识，又要培养学生一定的专业特长。职业教育既是对学生所掌握的文化基础知识和专业知识进行整合提高的过程，也是学生将所学知识运用于技术实践的过程，更是对他们的思想品德、社会交流、独立生存和自我发展等进行教育的过程。中等职业学校承担着教授学生专业技能的职责，同时还要教导学生成为对他人、对社会有利的人。

近年来，中等职业学校面临着外部环境的变化：高考扩招，高中分流了较好的生源，使中等职业学校的生源质量直线下降。学校面对的是一个新的群体：学业成绩较差、常违反纪律甚至会犯罪的问题学生。中等职业学校的学生管理有其自身特点，是众多管理工作的重中之重。学生管理的目的在于使学生形成良好的学习习惯、生活习惯和行为习惯，使其具有基本的自理能力、自治能力和独立生活能力，使学生愉快地学习，健康地成长，并自觉抵制各种不良行为。

首先，我们来分析这一群体的特点。从年龄角度来看，大多数学生处于16—18岁的阶段。"我是谁"成为一个重要的问题，这个年龄阶段的学生正逐步形成自己的价值观，由对父母的依赖转向对同伴群体的依赖。个体生理的变化再加上职业选择的压力，使得他们对早期阶段所建立的心理社会同一性产生怀疑，并试图对之进行重新界定。这一阶段他们表现出叛逆行为，想要摆脱父母、学校的束缚，甚至故意做出违反规则的行为以证明自己与众不同。与此同时，他们更加依赖同伴群体，同伴间表现出较强的相似性。这也解释了案例中学生破坏公物，甚至偷窃机房内存条行为产生的原因。这些行为都具有恶作剧性质。从家庭环境来看，这些学生的父母对他们的教育较为放任，他们得到的重视和关心较少。从学业成绩来看，该校学生学习成绩较差，在学校受到的关注较少。

我们从案例中可以看出，学生的异常行为具有团体性，基于共同的兴趣爱好、相似的背景经历，他们内部形成了非正式团体。非正式团体中一般会有该团体成员普遍认同的领导，该领导对团体的行为往往比正式领导具有更大的影响力。解决问题的关键在于找到非正式团体中的领导，然后重点突破，加以说服引导，以达到影响整体的效果。该校学生一般从小就养成了不良习惯，学校应采取循序渐进的措施，持续、有目的、有组织、有计划地影响他们、教育他们。学校应该研究学生的心理，以抓住他们行为背后隐藏的深层次的原因，然后再有针对性地采取措施。学校要动员全校教职工关心、爱护学生，为他们提供帮助，同时也要严格要求学生，看到学生的不良行为要加以制止，并根据他们的特点进行说服教育。

除了情感教育，学校应该制定一套严格的规章制度，从外部约束学生的行为。让违反纪律的学生要承担自己造成的严重后果，以对学生行为进行负强化。这一时期是学生价值观形成的关键时期，积极的引导对学生的终身发展会产生深远影响。外部的制度约束只是表面的，对学生深层次的关心才是根本的。

综上所述，中等职业学校的学生管理工作可以从以下几方面着手：

1. 制定学生管理工作的各项规章制度，以学生日常行为规范的养成为工作重点。规章制度具有强制性和约束性，是学生必须遵守的共同行为准则，是保证正常教学和生活秩序、提高教育教学质量的有效手段和重要措施。在对新生进行入学教育时，可以班级为单位带领学生全面学习学校的各项规章制度。学校应将学生量化考核的检查评比细则告诉学生，尽力做到学生工作的各个环节都有明确的是非标准和考评细则。学校上下要齐心协力，严格贯彻学生管理的基本要求，坚持不懈地抓学生行为习惯的养成工作。

2. 加强学生管理工作队伍建设。学校学生管理工作人人有责，全员参与。学校可成立以校长为组长的德育管理工作领导小组，定期研讨学校的学生管理工作。选聘德才兼备的教师担任班主任。班主任要对学生进行全面的了解，正面教育，积极引导，同时要热爱学生，尊重学生，并要以身作则。

3. 加强纪律教育。通过组织以下活动来加强学生的纪律观念：通过新生军训和入学教育，磨砺学生的意志，培养学生的组织纪律观念；约请公检法部门作法制报告，增强学生的法纪观念；邀请联合办学的企业领导作厂规厂纪、生产安全和用人要求等方面的报告，增强学生的职业意识和紧迫感；提倡学生自觉自律，在管理上注重引导学生自治和自我评估。

4. 加强生活管理与行为自控的教育引导。对学生的生活管理就是有效地培养学生的生活自理能力，帮助学生形成科学的时间观念，养成良好的生活自理习惯，使学生学会生活。

5. 加强心理辅导，预防偏激行为的发生。采取建立心理咨询室、开通心理咨询热线、实行导师制、规范谈心行为等多种方式，及时化解学生的思想问题，妥善解决学生的矛盾，防患于未然。

6. 与家长保持密切联系，了解学生真实的校外生活情况。学生的学校生活和家庭生活共同塑造学生的行为，学校应加强与家庭的沟通以形成合力，提高教育实效。

总之，中等职业学校在对学生进行管理时要将制度管理与情感管理相结合，学校要与家庭合作，以帮助学生树立正确的价值观，建立法制观念，树立社会责任感，这是改善学生管理的根本所在。

4. 办公楼设计方案的选择

案例

某校地处城市中心地带,近几年快速发展,办公用房和专业教室越来越紧张。经过多方筹资再加上学校原有的积累,建设新办公楼的计划得以实施。学校在原校址的显著位置清理出一片空地,用于建设新办公大楼。一开始,校长办公会为新办公大楼建设定了几条原则:考虑到学校地处市中心,土地面积有限而且寸土寸金,所以要尽量多出使用面积以便保证行政办公和专业教室的需要;要有特色,力争成为学校的标志性建筑(因为该校在该区是一所很有影响力的学校);使用上要方便、节能、环保。

为了保证建设质量,学校对楼房设计进行了内部招标,开始有七家设计单位投标,学校从中选择三家进入最后评标阶段。考虑到这是学校的大事,教师们也很关心,校长办公会研究决定广泛听取意见,充分发扬民主,把三个方案(包括效果图和微缩模型)在学校展示一个月,要求教师前去参观,并填写调查问卷。

一个月后,后勤部门把收集到的问卷进行整理。问卷的结果是:同意A方案的为61.7%,B方案的为15.4%,C方案的为22.9%。这个调查结果与建筑专家的意见有比较大的出入(专家认为C方案比较好)。专家认为A方案确实造型很有特点,但是也存在致命的问题:一是容积率(利用率)在三个方案中最低,二是该方案建成后的楼房使用起来不方便,最大的问题是采光效果很差。校长办公会开会研究认为,既然实施民主,就要尊重大家的意见,所以最后决定采用A方案。教职工对校长办公会的决定也很满意。

经过一年半的紧张建设,大楼如期完工。但是等大楼投入使用后,教职工中逐渐出现了很大范围的埋怨。原来,该楼并没有很好满足办公用房和专业教室的需要，专家说的采光差的问题也显现出来。大家议论纷纷，说什么的都有。校长办公会专门开会研究了这个问题，觉得有必要向教职工作出说明。

在一次全校大会上，学校主管领导专门就此事作了说明，讲了该方案出台的过程，明确表示这是大家的意愿，是民主决策的结果。言外之意：不能全由领导负责。

思考题

1. 你如何评价整件事情的过程？
2. 你觉得这个问题采用民主投票的方式进行决策合适吗？
3. 试分析造成教职工对办公大楼议论纷纷这一局面的原因。
4. 你认为学校领导在后来的全校说明会上的表态恰当吗？
5. 假如你是该校校长，你认为教师应该如何共同参与决策的制定？

案例分析

从案例中我们可以看出，该校建设办公大楼不仅是一个很大的工程，也是学校的一件大事。这一点学校领导是认识到了，而且对办公大楼进行了定位，并按照工程招标的方式进行了招标，而且通过问卷广泛征求教职工的意见。这些做法反映了学校领导的民主意识，但是最后的结果不好，而且学校领导的表态也是不合适的。问题出在学校领导错误地理解了民主决策。同时，案例中反映的民主决策的范围及过程也有问题。

平时我们讲民主管理，并不是大家都来管理，而是在决策层面上说的，即吸收群众参与决策或共同决策。民主有优点，也有缺点。民主的优点包括：能够集思广益，科学决策；由于广泛参与，能够提高对决策的认可度，进而提高对决策执行的承诺水平，提高决策执行效果；提高组织成员对组织的满意水平，进而调动组织成员的积极性。但是民主也有一些问题：耗费时间，增加时间成本；出现冒险偏移，增大组织的冒险水平；出现责任分摊，有可能降低决策的科学水平。正因为如此，民主要合理使用。

实际上存在两种性质的民主，即政治民主和管理民主。政治民主的基本特点是：以民主为目的，民主是最高价值追求。政治民主的基本假设是：每个人有权决定自己的事情，也有能力决定自己的事情。政治民主追求的是：人人具有平等的参与权和表决权。政治民主强调民主的形式，如严谨的程序，必需的参与比例等。政治民主的权力在"民"，所以责任也在"民"。

管理民主与政治民主不同。在管理民主中，民主是手段而非目的，之所以采取民主的方式，是为了取得管理成效，如通过集思广益提高决策的科学性，通过参与决策制定提高执行者和相关人员对决策的承诺水平，通过民主程序缓解矛盾，提高组织成员对组织的满意程度等。管理民主追求的是科学精神而不是人文精神。

管理民主也有两个基本假设：人的能力是不一样的，组织成员之间的权力分配是不一样的。正因为管理民主是以民主为手段，所以它不强调严格的民主形式，严格讲，管理民主的"民主"是一种参与决策，参与的方式和程度都很灵活。在管理民主中，决策的权力是属于相关管理者的。正因为如此，决策的责任也应该由相关管理者来承担。

在学校中，只有那些直接关系到每个职工切身利益的事务，如职工福利、集资建房等，或者虽然不是直接关系职工切身利益而首先与组织本身有关，但是组织规定必须通过职工代表大会的事务，如学校发展规划等，才需要采取政治民主的方式进行决策。在一所学校中，需要通过政治民主方式解决的事务不是很多，更多的是需要管理民主。但是在现实的学校管理中，管理者容易把该政治民主的事务按照管理民主的方式来解决，或者把本该管理民主的事务按照政治民主来对待。

在案例中，学校领导把本该采用管理民主的事务错误地使用了政治民主。建设办公楼，是学校的大事，广泛征求意见是对的。但是如何利用征求到的意见和建议则要慎重，因为建设学校办公大楼，首先是学校事务而不是教职工的个人事务，最重要的是讲究科学性，而不是尊重大家的意见。学校领导简单地把大家的意见当成决策的根本依据，这是不对的。关于办公楼的结构、式样等问题受到科学标准的限制，是专业性很强的问题，在没有讲解说明的情况下调查询问教职工的意见是不科学、不严谨的。其实，办公楼结构和式样更应该尊重建筑专家的意见，而不是教职工的意见。真正该征求教职工意见的是办公楼的使用功能和使用要求，因为这与教职工的工作直接相关。至于这些功能和要求在办公楼设计和建设中如何体现，则是建筑专家的事了。

由此可以看出，校长在进行民主管理，即参与决策的过程中，应该慎重考虑两个问题：一是决策结果涉及下属的个人利益吗？二是下属拥有有助于决策的专业技能吗？显然，当下属既具有专业技能又与决策结果利益相关时，参与程度应该是广泛的；如果决策问题与下属无关，并且他们不具备专业技能，就应该避免让其参与。然而，也会存在两种边界情况，正如案例中提到的，办公楼的建设与使用关系到教职工今后的日常工作，但他们却并不掌握建筑领域的专业知识；建筑专家能够对办公楼的设计提出有建设性、针对性的建议，但他们却不是建筑的使用者。此时，就应该让教职工与建筑专家以某种有限制的方式参与决策，巧妙设计决策的流程与方式，也许结果会有所不同。如首先听取专家的意见，并向教职工传达建筑专家的意见和建议，在此基础上再进行教职工调查问卷，也许问卷的结果就不一样了。

政治民主的权力是民众的，责任也是民众的。管理民主的权力是管理者的，责任当然也是管理者的，不能因为决策权的出让而推卸责任。案例中，建设办公楼尽管是大事，但都是管理者的权力，不论采取什么样的决策形式，最后都要由学校管理团队来承担责任，所以学校领导最后的表态是不合适的。

5. 用大数据"导航"学生成长

案 例

小虎是 M 区某小学四年级的学生。他早晨上学是从哪个校门进的，中午吃了什么，选了哪些兴趣课，有没有去图书馆，喜欢看哪些课外书，这些情况，小虎妈妈从家里的 IPTV 数字电视中都能看到。如果她打开电脑，登录学生电子档案的个人门户网站，孩子的成长信息便一览无余。

这一切都得益于 M 区教育局依托大数据所进行的数字化校园建设。

在当地教育局信息中心的 Z 主任看来，"学生们在校园一天天学习和生活，无论是班级还是学校，从来不缺整体的记录，可是对孩子个人而言，成长数据却是一天天地流失了"。蓄起一个"数据池"，突破点就在教育信息化。于是在两年前，当地开始探索依托网络平台系统，为每个学生建立电子成长档案。为了收集数据，学校为每一位学生发放了电子学生证，学生日常行为数据将被动态抓取和实时记录，并能在系统内自动生成各种数据统计图表，让学生隐性的状态和需求显性化，让家长和老师能够更直接地看到学生的点滴进步或潜在的问题。

不仅如此，这样的大数据还为教育管理者提供了"第三只眼"——不是凭印象，而是用客观数据说话，发现教育管理的缺位。比如说过去的学生健康档案、成绩档案相对独立、互不相连，发挥的作用非常小。但随之而来要面对的，却是体量膨胀的教育管理需要，全区有 400 多所中小学、幼儿园，每年平均还要增加 10 所学校，每个学校发展到了什么状态？存在着哪些问题？传统只重学业的教育管理方式显然存在"跷脚"现象，其他方面的数据也是星星点点。而通过数据的专业解析和深层挖掘，学校或教育行政部门就能够判断校运动会的覆盖面大不大，学校课程的选择性高不高，学生学习经历丰富不丰富，与社会接触机会多不多，然后再有的放矢地推进教育改革。

这样的探索，对每个学校来说既是"鞭子"也是"梯子"。比如说，该区某实验小学每年学生的学业成绩都排在前列，然而在其他指标的考核方面却不尽如人意。从学生成长档案显示的数据看，学生的肥胖率偏高，超过当地平均水平。这突显出学校对学生身体健康成长关注不足。于是，学校与家长联动，积极采取干预措施。学校向学生家长发放调查问卷，提供健康饮食指导。学校食堂提供每周食谱以及食物营养成分和热量指标。体育老师为肥胖学生设计个性化的体育"长作业"，根据学生的年龄特点组织循序渐进的体育锻炼。经过一学期的努力，学生的肥胖率下降，很多家长反映孩子的精神状态也比以前好多了。

然而，从组建"教育信息化推进办公室"这支"特种部队"到现在，他们要面对的是传统教育模式下培养出的强大的惯性。首先就是当时混乱的数据管理模式，Z主任说道："光是学校名称和学校代码就有4套，有市教委和教育部规定的学校编码，还有上级部门下发的学校编码，就像一个人有4张身份证一样。为此，我们对8个科室的管理数据进行统筹和整合，他们都觉得我们吃饱了没事干找茬，可这是必须做的……"

（案例改编自《大数据"导航"学生成长》，中国教育报，2014年3月26日第5版）

思考题

1. 你如何看待案例中M区依托大数据进行数字化校园建设这一举措？
2. 为什么说教育大数据的探索既是"鞭子"又是"梯子"？
3. 教育大数据会对教育管理产生怎样的影响？
4. 你认为以大数据为基础的数字化校园建设为学校管理带来了怎样的挑战？
5. 如果你是该区的一名校长，你将如何开展学校的教育信息化建设？

案例分析

随着现代信息技术和网络技术的迅猛发展，积极推进教育信息化建设、加快教育信息化进程，已经成为我国教育发展的一种必然趋势与要求。数字化校园建设便是一种较为理想的实践方案。在部分高校相继提出数字化校园的规划并取得一定成果后，许多中小学也纷纷开启了"中小学数字化校园建设"的探索与规划。在案例中，该区为了更加充分地利用各类信息数据，进一步提高教育教学质量、优化校园管理模式，依托大数据开展了数字化校园建设。可以说，这样的探索不仅具有革新性，而且具有挑战性。

在讨论案例之前，让我们首先明确一下什么是大数据。大数据，来源IT行业的一个专业术语，其核心特征是数据量大、输入和处理高速、数据多样和精确性高[①]。也就是说，"大"数据之大并不仅仅指数量之大，更是强调"价值"之大，即能从海量复杂的数据中发现相关关系、挖掘事物的变化规律、准确预测发展趋势。而教育大数据是大数据的一个子集，特指教育领域的大数据。在师生的校园生命周期内，整个教育活动会产生大量的数据，如课堂教学数据、校园生活数据、行政管理数据等等。日益庞大的数据规模使教育决策、教育评价等问题变得越来越复杂，如何采集、整理并让这些数据"说话"，让数据产生有利于教育发展的价值，是依托大数据进行数字化校园建设的重点。

在教育管理过程中，决策的制定一般包括七个步骤：识别决策问题、确定决策标准、开发备择方案、分析备择方案、方案选择、实施决策方案和评估决策结果。每一个步骤，其实都离不开数据的支持。首先，传统的教育信息采集途径较为单一，呈现出来的往往只是宏观的、整体的和片面的发展状况，管理者只能凭借个人经验、逻辑分析判断问题的产生。由于信息的有限性，在自上而下的决策过程中，管理者难以全面洞察服务对象真正与迫切的需要。因而，一些教育决策的开发与选择往往脱离实际、不接地气，这样不

[①] 刘雍潜，杨现民. 大数据时代区域教育均衡发展新思路[J]. 电化教育研究，2014（5）：11-14.

仅缺乏针对性，甚至会造成新的社会问题。教育大数据，以多元的数据采集方式使数据的广度、深度以及细化程度都得到了提升。与此同时，利用相关的分析技术与策略，原来模糊与隐藏的问题都变得明晰可见，教育管理者能够在信息依据较为充分的基础上对问题进行精准地诊断。来源自然状态下的大数据，不仅更加真实地反映出现实需求，而且为管理者提供更为理性、全面的分析与预测视角，从而设计出更优的决策方案。

案例中，该区为每一名学生发放了电子学生证以采集学生日常行为产生的各类数据。某实验小学通过对学生的成长档案进行大数据分析，以当地平均水平作为标准，识别出该校学生的肥胖率偏高这一隐性问题。这样的做法克服了仅仅对学生的学业成绩进行统计和分析的局限性，有利于学生的全面发展与综合素质的提高。为降低学生的肥胖率，加强对学生身体素质的关注，该学校实行了家校联动的干预方案。在这一过程中，大数据不仅可以实时采集学生的饮食状况，而且可以精准地"定位"肥胖学生，并根据其年龄特点设计个性化的体育锻炼作业。最终，这一决策方案取得了不错的效果，得到了家长评价和数据显示的双重肯定。可以看出，教育大数据在驱动教育科学决策的同时，也驱动了教学模式的改革、个性化学习方式的实现、教育评价体系的重构以及学校常规管理的规范。教育大数据的意义不仅在于帮助我们发现问题，更在于以更好的方式解决问题。

数字化校园的建设是一项庞大、复杂的系统工程，需要进行科学的规划与统筹。有的时候更需要以学区、地区为单位进行整体设计。正如案例中所提到的，如果每个学校光是学校编码就有4套，对于使用哪一套又缺乏统一的规范，每个学校"各自为政"，这无疑会给今后的数据管理工作带来很大的障碍。同时，由于大数据的发展时间较短，教育大数据的应用仍然处于起步与探索的阶段，还未形成完善的机制。因此，在大数据时代背景下建设数字化校园，我们要注意以下几个方面：

1. 整体规划。大数据的建设不是盲目的，要从学校的实际需要与长远发展出发。教育管理者应立足于学校的办学规模、资源环境、资金支持等要素，设定"数字化校园"的总目标与阶段性目标，明确各个阶段的建设内容与工作重点。同时，制定科学的、可操作的建设与评估方案。

2. 队伍建设。教育大数据的发展对教育管理者与一线教师的素质提出了挑战。学校可以通过引进、培训等方式，建立教育工作者的大数据思维与素养；还可以制定相应的激励制度，不断激发管理人员与教师创新应用教育数据的动力和智慧。同时，可以依托校外专业机构与人员开展技术研发、设备升级等工作。

3. 管理制度。一方面，学校应设置相关职能机构，对大数据的运营进行专门管理；另一方面，学校的数据采集、应用、管理等各项制度应该符合统一的标准和模式，形成清晰的流程，从而实现教育大数据的长效运转机制。

4. 安全意识。教育大数据来源日常学习与生活，更涉及教育者以及受教育者的隐私。因此，管理者应该高度重视教育大数据的隐私保护和安全管理。这就需要有新的法律法规、职业道德标准及个人操守来共同规范。

此外，教育管理者也应该看到大数据的局限性。大数据的采集对象是有着复杂心理过程与情感体验的学生与教师，日常学习的轨迹与行为规律等这些客观数据的采集相对容易，但教育对象的情绪变化、个性特征等主观数据的记录就比较困难。教育是面向"人"的事业，因此我们要坚持"人"的主体地位，将大数据作为一种工具与方法，合理利用来引导学生的成长、教育的提升，而不能一味地依赖数据。教育大数据应时刻依托于教育之"育人"的本质而存在。

6. "集中招标"打包校园物业

案 例

T区是一座国际化大都市的中心区,也是全省的教育现代化先进区。同时,该区中小学众多(仅公办中小学就有60多所,100多个校区)、分布地域广、规模和办学水平各异,规模大的占地面积有十几万平方米,小的只有几千平方米,且地理位置各不相同,既有新城核心区的学校,又有城乡结合部一带的学校,可以说生动地体现了基础教育发展不均衡的特点。

随着经济和教育的快速发展,打造与经济社会相适应的现代化、均衡化中小学校园物业的呼声越来越强烈,历经了多种管理模式后,以"集中招标"为特点的中小学校园物业管理模式在T区应运而生。

何为"集中招标"模式呢?教育部门介绍说,集中招标就是把若干个学校的校园物业管理作为一个招标项目,统一制定项目需求和经费预算,面向社会公开招标,由中标的物业管理企业为学校提供一定期限的校园物业服务。以T区为例,具体操作是:教育局做好三年物业管理专项经费预算,向区政府提出集中招标申请。审批同意后,教育局指派其直属单位——教育服务中心牵头,把全区60多所中小学的校园物业服务(主要是保安、保洁、绿化)打包,委托政府采购中心集中招标,实行统一标准、统一经费、统一管理。作为项目主管部门,教育服务中心主抓质量评价工作,每季度会组织所有学校对服务质量进行打分。根据质量验收情况,教育局按季度向中标企业支付管理费用。

其中,学校管理者无需操作繁琐的招标流程,中标后也不必耗费太多的人力对服务质量进行管理,可以从繁琐的校园管理事务中脱身,专注于教育教学工作。目前,该做法已经实施了八年时间。T区教育部门已开展三轮全区中小学校园物业集中招标，积累了基本的经验。

为不断提升校园物业的管理质量，有关人员在T区开展了中小学校园物业问卷调查。经了解发现，影响校园物业管理的因素有以下三个方面：经费投入、管理模式和评价设计。其中，针对学校物业管理项目的招标形式，有85.98%的单位选择了"T区教育系统集中招标"。同时，多数学校希望在评价中能减少工作量，采取工作量弱化，权力强化的管理模式，希望T区教育主管部门设计出一套科学的管理模式，减轻学校后勤负担。

（案例改编自《"集中招标"：中小学校园物业管理质量提升的研究》，邓可，湖南大学2016年硕士学位论文）

思考题

1. 从学校的角度来看，"集中招标"的管理模式有哪些优势与不足？
2. 试对T区"集中招标"的具体流程进行分析。
3. 与商业物业、居住物业相比，中小学校园物业的管理有哪些特点？
4. 你如何看待T区中小学校园物业调查问卷的结果？如果你是T区的一名校长，你是否会选择"集中招标"这种形式？
5. 你认为，提升中小学校园物业管理质量的策略有哪些？

案例分析

后勤管理是中小学管理的重要组成部分，与学校办学质量的提升密切相关。作为一项重要的保障性工作，搞好学校的后勤建设，不仅有利于教学活动的顺利、有序开展，而且能够为广大师生提供良好、舒适的校园环境，有利于教学效能的提高。因此，如何打造适应时代发展的学校后勤管理新模式，成为中小学管理者一直在思考和探索的问题。在案例中，T区为推动区域内学校的均衡、现代化发展，采取"集中招标"的方式将一定数量的学校委托给一家物业公司，并由其提供相应的服务。几年时间下来，可以说积累了一定的实践经验。

在讨论案例之前，首先要明确我国中小学后勤管理模式的发展历程。在计划经济时代，生产力较为落后，中小学后勤服务普遍形成了学校办小社会的格局。这种自办后勤的管理模式，在快速集中人、财、物力，建立中小学后勤保障方面，起到了积极作用。然而，随着我国社会生产力的发展，中小学师生对服务的期望不断提高，这种缺乏合理的调节机制、分配上奉行平均主义的管理模式逐渐成为制约学校发展的阻碍因素。具体表现为：一是学校的经济包袱沉重，经费投入效益不高；二是各校的后勤服务质量和管理水平参差不齐，难以考核评价；三是分散了学校领导的精力，缺乏高素质人员队伍。

1999年，《中共中央国务院关于深化教育改革，全面推进素质教育的决定》中指出："加大学校后勤改革力度，逐步剥离学校后勤系统，推动后勤工作社会化，鼓励社会力量为学校提供后勤服务，发展教育产业。"由此，我国中小学的后勤管理工作开始进行社会化的尝试与实践探索。然而到目前为止，我国并没有统一的后勤社会化模式。本案例中，T区基于学校后勤社会化的社会背景，针对本地区教育发展实际，打破了学校后勤管理的校际界限，通过教育服务中心这一下属单位以"集中招标"的方式对T区内中小学的后勤服务实行统一管理，可以说是一种积极的探索。

从宏观的角度来看，"集中招标"最大的优势在于使区域内学校的物业管理服务更加标准化、精细化和科学化，使T区教育资源配置的效益提高。本案例中，与"集中招标"相对应的，是学校独立招标聘请物业管理公司，即"自主招标"。根据交易成本理论，交易成本分为协调成本和激励成本两大类，不同的组织形式会产生不同的交易成本，而交易成本的大小决定了我们采取哪种组织形式。与"自主招标"相比，在"集中招标"的过程中，学校只需要在组织内部（教育局和教育服务中心）进行协调，不需要在市场上搜寻合适的物业公司，进行跨行业的协调。同时，"集中招标"由政府采购中心进行，学校节省了收集信息的昂贵成本；而教育服务中心主抓质量评价工作，学校又可节省制定合同的成本、监督成本等等。由此看来，"集中招标"使学校负担大大减轻的同时，摆脱了"自主招标"信息、资源不对称、不匹配的浪费局面，有助于集中精力搞好教育教学工作。

然而，"集中招标"的形式也存在着一些不足。首先，中小学后勤管理主要包括以下几个方面，学校食堂管理、安全保卫、基础设施建设、财务管理、水电气及其管道维护、医疗卫生、其他日常管理工作等，由学校总务处具体负责。案例中，教育服务中心仅仅将中小学的校园物业服务（主要是保安、保洁、绿化）打包招标，并未涉及后勤管理的全部工作。也就是说，学校整体的后勤工作由不同的主体分管。不同的管理主体在工作理念、计划、进度等方面势必会存在差异，如何统筹和协调学校整体的后勤管理工作，成为学校和物业公司共同面对的问题。其次，每个学校都有自己的独特性，对于自身的物业工作也有着个性化的服务需求，"集中招标"方式下的统一标准、统一经费、统一管理势必会在一定程度上忽视这种差异性。因此，如何避免"一刀切"，根据实际需要为各校量身定做校园物业管理和评价的个性化方案，因地制宜地安排工作，成为双方需要思考的重要问题。

在"集中招标"的过程中，完善招标投标的各个环节十分重要。我们知道，服务合同的立约步骤大体包括12个方面：考虑实施合同外包、选择拟外包的服务、进行可行性研究、促进竞争、了解投标方意向和资质、规划雇员过渡、准备招标合同细则、进行公关活动、策划"管理者参与的竞争"、实施公平招标、评估标书和签约、监测评估和促进合同的履行。在案例中，这一工作主要是由政府采购中心负责。除了考虑一些政策性问题和地方性法规，政府采购中心还需处理和解决好"集中招标"的一些技术性问题，如怎样保证招标过程公开、公正，如何实现投标过程中利益相关者的回避等。

为了保证"集中招标"下校园物业的管理质量，教育服务中心和学校管理者需要发挥好控制职能，即对工作绩效进行监控、比较和纠正。具体来说，可以分为三个部分。首先是前馈控制，即预测可能会出现的问题，学校与物业管理公司应订立合同及《物业管理办法》等相关条例，明确双方的权利与义务，明确校园服务的制度和标准。其次是同期控制，即在问题发生时立即予以纠正，学校可通过信息公开和直接视察，及时了解后勤工作的最新动向，加强双方之间的互动与沟通。最后是反馈控制，即在问题发生之后予以纠正，学校可通过收集以来访、来电、信件等形式反馈的意见和服务需求信息，要求物业提交季度、年度工作报告，开展满意度调查等。

7. 校长抓教学还是抓建设

案 例

随着学校的发展，某校的硬件条件已不能适应办学需求，突出表现在学校校园环境需要改变，校舍需要更新，现代化的教学设备需要添置。于是学校建设了全塑胶操场，使得师生不用顶着黄沙上操，也不用因雨雪而停止体育活动，既有利于师生身体健康，又改变了校园环境，并使得周围居民所形容的"沙源"得到彻底改变，学校为此花掉了150万。随后，教委规定中小学必须开设计算机课，于是学校又装设了多功能厅，添置了多媒体展示柜，布置了一个装机50台的计算机教室，又给全校20个教学班和专用教室都配备了电视和电脑，还建立了主控室。随着校本课程的开发，学校又组建了机器人小组，装备了机器人教室和科技教室。为了配合英语教学，还设置了语音教室。各种各样的基础建设，使得学校发生了翻天覆地的变化。无论是退休教师回校参观，还是接受教委督导，以及外校参观、家长开放日，学校均受到好评，当然，这些基础设施建设也花费了相当多的资金。与此同时，校长聘任了教育和教学两个副手主抓教育、教学，带领教研组和全体教师进行软件建设。

面对这样的变化，也有教师表示不满，认为校长只重视硬件的改变，忽视了对青年教师的培养和学校的品牌建设与质量管理，学校硬件条件再好，教育、教学质量上不去，恐怕学校会陷入危机状态，甚至有人写信上告至上级机关。

（高彦）

思考题

1. 你如何评价该校校长？请对案例作出相应分析。
2. 面对教育教学工作和学校的硬件建设，校长应如何取得二者发展的平衡？
3. 你如何看待教师对于校长大力开展硬件建设所产生的不满情绪？
4. 如果你是该校校长，面对教师的不满，你将采取何种措施？
5. 结合案例，试对校长的职责进行讨论和分析。

案例分析

随着经济的持续发展和人民生活水平的不断提高，家长渴望子女接受高质量学校教育的呼声越来越高。学生和家长对学校教育的期望不仅包括高质量的教学服务和高水平的师资队伍，还包括舒适的校园环境和先进的教学设施。在本案例中，校长面对学校硬件设施不能满足办学需求的矛盾，积极改善办学条件，这是一种满足顾客需求的办学思路。但如何把改善硬件条件和提高教育教学质量结合起来，应成为校长需要认真思考的问题。

在讨论案例之前，我们需要明确学校总务工作和教学工作之间的关系。改善校园环境和教学设施等基础设施，是学校总务工作的重要内容。一方面，各种教学设备，如教室的设备、实验室的设备、体育运动的设备等，都是教学工作所必需的物质条件。另一方面，整洁的校容校貌是学校精神文明建设的一部分，本身就有潜移默化的教育作用。因此，做好总务工作是办好学校的重要条件，学校应根据实际需要与可能，尽可能保证硬件设施完善。

但我们更要注意，教学工作是学校的中心工作，也是学校中最经常、最大量和最基本的工作。以教学为主，是办好学校的基本规律之一，这是由学校工作的性质和任务决定的。学校领导干部必须把主要精力和工作重点放在教学工作上。以教育为主，就要求学校各方面工作都要为教学服务，硬件建设也不例外。因此，学校总务工作管理的一项重要原则就是为教学服务。

在案例中，我们要讨论的核心问题是校长为改善办学条件所采取的措施是否合适，校长应如何取得学校硬件建设和软件建设之间的平衡。首先，校长面对学校硬件设施不能满足办学需求的现状，作了两方面的改善：改善校园环境，改善教室设备。校长负责建了全塑胶操场，使校园环境得到改善；校长根据教委开设计算机课的规定设置了计算机教室；根据校本课程开发的需要，设置了科技教室；根据英语教学的需要，设置了语音教室。这些硬件建设都是围绕教学需要这个中心来安排的，适应了学校当前的办学需求，促进了教育教学的顺利开展。因此，从这个角度来讲，校长为适应办学需求所采取的硬件建设措施是恰当的。

然而，校长的作为却引起了许多教师的不满，我们可以用教育管理学的相关理论进行分析。双因素理论认为，不是所有的需要得到满足就能激发起人们的积极性，在工作中只有激励因素（如成就、认可、工作本身、责任和进步）才能够给人们带来满意感，而保健因素（如工作环境、人际关系、政策和管理等）只能消除人们的不满，但不会带来满意感。在案例中，校长花大力气整顿校容校貌，添置教学设备，为全校师生创造了良好的环境，这的确打消了教职工对于硬件条件已不能适应办学需求的不满，但却未能充分调动教师的工作积极性，这是由于校长忽视了教师的自我成长、专业认可与责任感的需要。虽然他在工作上聘任了两个副手抓教育教学，却没有采取具体的措施对教育教学工作进行大力改善，教学工作本身缺乏挑战性和使命感，教师自然容易产生消极情感。从这个角度来讲，校长的工作有点顾此失彼。

由此来看，即使环境和设施的改善是学校迫切需要解决的问题，也仍然不能放松对教学工作的丰富和提升。领导者必须使学校的硬件建设和软件建设相互协调，使硬件建设服务于软件建设；必须明确和保障教学工作中的保健因素和激励因素，从而最大限度地提高教师工作的满意度。

我们也可以从校长职责的角度对案例进行分析。根据《全国中小学校长任职条件和岗位要求》，中小学校长的主要职责为：全面贯彻国家的教育方针；领导和组织教学工作以及德育、体育卫生、美育、劳动技术等教育工作；领导和组织总务工作；培养和提高教师素养；负责人事管理工作等。可以说，校长要全面负责学校的工作。因此，校长不仅要抓学校的建设工作，也要抓教育教学工作。

在软件建设方面，校长要建立和健全教学管理系统，充分发挥有关机构的作用，实施授权管理，做到集权与分权相结合。教学副校长和教导主任是校长管理教学工作的主要助手。校长应在认真挑选的基础上，充分信任和依靠助手。双方步调一致，配合默契，带领全体教师改善教育质量，是管好教学的关键。案例中校长的这种做法是可取的。

在硬件建设方面，要坚持勤俭办学的原则，教育经费有限，学校任何时候都应坚持这一原则。这不仅是财政的需求，也是教育的需要。学校领导要合理使用学校的人力、物力和财力：在经费使用上，要做到精打细算，少花钱，多办事；在基础建设上，要贯彻经济、实用的方针，教学上急需的设备、仪器，只要经费允许，该购置的就要购置，但要厉行节约，杜绝讲排场、讲气派等铺张浪费行为。

本案例中，我们还需要注意一个重要的问题：校长在进行学校建设和管理的过程中必须注重领导方式和领导艺术，包括协调人际关系的技巧、授权的艺术等。一个成熟的领导者能自然、贴切地将行之有效的方式和方法融入自己的各项工作中，圆满完成学校的工作。案例中的校长进行硬件建设造成许多教师的不满，甚至有人写信向上级机关告状。校长如果能把这一时期学校建设的重点告知广大教师，充分运用授权的艺术和协调人际关系的技巧，动员并鼓励广大教师参与到学校建设中来，并制定学校的发展规划和发展前景，争取教职工的支持与理解，这一问题就可以避免。

8. 集团化办学要注意什么

> **案 例**

对于南京市Q区的家长们来说，一提到"幼升小"、"小升初"，大都会皱起眉头。尤其是最近几年，Q区的教育发展较快，每年新增4—5所小学，"择校热"更是愈演愈烈。面对此情此景，当地教育局局长表示："教育资源均衡配置，才是解决择校热的根本手段。"于是，Q区在最近召开的教育工作会议上决定，要通过撤并、集团化等形式推进区域内教育资源优质均衡发展。

经过多方考察，Q区政府将目光锁定在了该区优质学校之一——A小学。A小学是一所名校，距今已有86年的历史。近年来，在L校长的领导下，A小学一直保持着自身优势：生源优质、充足，师资力量雄厚，硬件设施完备。同时，A小学是一所师范院校的附属小学，为更好地服务于当地的教育科学研究，该师范院校需要A小学来做教育实验。基于此，Q区政府与教育部门委托A小学来参与教育集团化，希望通过发挥A小学优质教育资源的辐射带动作用，来推动同区相对薄弱的学校——B小学的发展。B小学坐落于市郊区长江的一个岛上，作为有着多年办学历史的近郊学校，从一所普通小学到省级实验小学，B小学经历了巨大的变化和发展。然而，由于地理位置、硬件设施、师资力量等种种客观原因的限制，B小学仍然相对落后，现阶段仅依靠自身力量无法有效解决以上问题。可以说，区政府和教育部门的支持是该教育集团组建和健康有序发展的坚强后盾。

2—3月接到上级的委托后，A校和B校的校长进行了多次交流。同时，L校长在A校召开了动员大会，他发言表示："我们学校近年来发展势头不错，进步很快，但是有几个方面的问题却是越来越突出。首先，我们的教师结构趋向年轻化，35岁以下的教师占到了68%，这批年轻教师越来越成熟，仅仅在我校这一片天地上，无法自由施展才华和抱负，狭小的交流空间严重制约了他们的发展。其次，我们学校职称名额有限，随着这批年轻教师的成熟，职称评定也就成为了最大的制约因素，青年教师的发展遭遇了巨大的瓶颈。对我们来说，实施集团化办学，也是获得再一次发展的机遇。"4月，A小学对全体教师进行了问卷调查，其中，赞同组建附小教育集团的教师占72%，认为目前条件不成熟，建议暂缓组建教育集团的教师占23%，而不赞同组建附小教育集团的教师占5%。

经各种会议交流、动员，5月底，在B小学举行了两校集团化办学协议签约仪式，X小学教育集团正式挂牌成立。X小学教育集团具体组建方式为：以优质学校——A小学为集团核心学校，A小学L校长担任教育集团总校长；A、B小学保留原有校名，增挂集团校牌；A小学向B小学输出教育理念、管理、师资和文化等，推进优质资源的共享，带动B小学尽快转化、快速发展，逐步实现优质教育资源的效益最大化。同时，成员学校之间保持相对独立，在追求各自办学特色的基础上，互惠互助，共同成长。X小学教育集团组建之后，在集团领导L校长的号召下，积极制定、实施了教育集团的三年发展规划。

（案例改编自《集团化办学模式下的学校发展规划研究》，程淋，南京师范大学2015年硕士学位论文）

思考题

1. 你认为集团化办学是否能够缓解愈演愈烈的"择校热"现象？
2. 你认为A小学组建教育集团的时机是否成熟？
3. 如果你是L校长，下一步将如何开展集团化的具体工作？
4. 应如何看待学校与教育行政部门之间的关系？
5. 面对A小学青年教师的发展问题，学校可以采取哪些措施？

案例分析

随着我国经济的高速发展、人民生活水平的不断提高，家长也都迫切期望子女能够接受更为优质的教育。由于区域教育发展的不均衡性、优质教育资源的稀缺性，"择校热"、"乱收费"等社会现象愈演愈烈，直接影响到教育公平与社会和谐问题。在这样的背景下，集团化办学作为一种新型的学校办学体制自20世纪90年代起在我国逐渐兴起。在本案例中，A小学接受政府的委托，与B小学共同组建了X小学教育集团，以期推进区域内优质教育资源的均衡发展以及教育质量的提升。然而，这样的做法是否有效呢？

"集团化"本身是经济领域的概念和做法，应用到教育领域是将一所名校和若干所学校组成学校共同体。目前，我国教育集团化办学主要有三种形态：一类是民办性质的教育集团，即民办教育集团；一类是由职业院校与企业组成的教育集团，即职业教育集团；另一类是由公办中小学组成的教育集团，即基础教育集团。进一步观察可以发现，基础教育集团化的办学模式大多是"名校＋薄弱学校"、"名校＋新校"或者是"优质学校＋薄弱学校"、"优质学校＋新校"等。案例中的X小学教育集团就是典型的"优质学校＋薄弱学校"的组建方式，以A小学——优质学校为核心单位，带动成员B小学——薄弱学校的迅速发展。

从管理学角度分析，教育集团化主要是利用"品牌效应"以实现教育资源的重组。品牌是区分的标志，是质量与信誉的象征与保证。学校与企业的性质截然不同，但学校自身也会形成自己的品牌。在本案例中，A小学相对于普通学校而言，自创立之初就独具优势与特色，知名教育家的办学理念和教育思想在几代人中继承和发展，不仅为A小学积淀了丰厚的文化底蕴，而且使该校的办学水平得到了在校学生、家长、教育行业以及社会的广泛认可与支持。可以说，A小学以较高的知名度与社会声誉形成了自己的优质品牌，在家长心目中具有不可替代的地位和影响力，在同等办学条件下，也更易吸纳优秀的生源和师资。基于此，X小学教育集团内部的薄弱学校B小学借助该集团的品牌效应，能够在短时间内吸引众多学生与家长的关注，并且获得更多的资金与人力支持。在名校光环的影响之下，学校获得了更为优质的教育资源，校内人员的工作积极性自然更为高涨。由此看来，集团化办学以资源共享的方式，利用名校的品牌效应推动了薄弱学校的迅速成长，以低成本、低风险、高效率的形式推进基础教育均衡发展，是一种可行的办学思路。

具体分析X小学教育集团的组建方式，我们可以看出，与以往的"手拉手"共建、友好合作校等方式不同的是，X小学教育集团实行的是一长执多校的管理方式。这样一来，学校之间由松散变为密切，集团总校长也能够触及成员校管理过程的本质与核心环节，从而将优质学校的办学理念、管理方式等有效地融入其中。值得我们注意的是，教育集团化不等于同质化，集团内的成员学校不能如同企业连锁店，将优质学校的办学模式模仿复制、照搬照抄，更不代表所有学校都拥有了优质学校的光环；教育集团化也不是将优质教育资源稀释，追求平均主义。教育集团化的核心是通过多种形式的合作，让集团内部的学校追求各自的办学特色，发挥自身的独特优势，实现资源共享，互惠互助，共同成长。

作为办学体制改革的一种创新，教育集团化的实施是一个复杂、动态的过程。

我们可以用卢因的三步模型作为指导。卢因认为，成功的组织变革应该遵循以下三个步骤：解冻现状，移动到新状态，重新冻结新变革使之恒久。在案例中，A小学正处于集团化变革的准备阶段，即解冻阶段。A小学对组织的内外环境进行分析，一方面是来自外部教育行政部门的委托，自己承担着参与教育科学研究、回馈社会这些不可回避的社会责任，另一方面是来自内部管理的需求，即解决教师结构不合理、专业发展不足等问题。内部与外部动因增强了A小学脱离现状的驱动力。同时，我们发现，学校中的大部分教师在问卷调查中对此事持赞同的态度，这大大消除了变革的阻力。可以说，变革的时机基本成熟。

基于此，A小学进入变革的实施与强化阶段。L校长首先提出了变革目标，并着手制定教育集团的三年发展规划，这样做有利于将整个组织凝聚在共同的愿景之下。可如何将计划转化为行动，L校长需要注意以下问题：(1)发挥对角色模型的认同。我们知道，学习一种新的观念或确立一种新的态度最有效的方法之一就是看看其他人是怎么做的，并且把他们作为自己的榜样。学校可以借鉴全国或者地区内教育集团化的办学经验，通过学习、模仿并加以个性化转化，加速集团化的进程。（2）加强对制度体系的完善。学校可以通过设置相应的激励制度、建立监督与评价机制、建立反馈系统等将变革的成果制度化，从而使新的管理模式持久地固定下来。同时要在遇到挫折的时候，向学校成员提供必要的支持和鼓励，通过学习和培训帮助成员掌握变革必要的知识和技能。

此外，我们应该注意到教育集团的法律地位。从基础教育集团化办学已有的类型看，一种是同一地区内学校服务范围的划定与学校之间的校际联合，另一种是跨地区的学校之间的联合。上述联合大多是各校保持独立的法人地位，但也有的是两所或几所学校共有一个法人代表。因此，校长应在法律允许的范围内，行使相应的权利，履行相应的义务。

9. 用企业的方式管理学校

案例

G中学在当地非常有名，升学率已经连续四年稳居全市第一。为了更深入地推进学校改革和发展，经当地政府批准，学校进行办学体制改革。2002年，A公司对该学校投资3000万元入股，学校改制，成为国有民办学校，在全省范围内招生。随后，A公司采用了一系列企业运作方式管理学校。

首先，A公司将自己的经营人才注入G中学，主要是进行学校经营和成本核算，但不干涉具体教育教学活动。学校积极推行ISO 9000质量管理体系，并通过了该体系的认证。

其次，A公司积极开展学校营销和品牌建设活动，并委托B公司具体实施。A公司认为目前教育竞争越来越激烈，谁先把品牌塑造好，在未来三到五年内就可以坐收其利，成为市场的主导，否则就会被无情地淘汰。A公司认为从商业的角度来看，学校提供的是教育服务，这种服务也可以看作一种商品来经营和营销，企业常规的营销体系完全适用于学校的推广。

B公司进入学校后，与学生和教师分两批进行了座谈，详细了解学校的情况。并具体做了以下几件事：(1)编写学校故事。调查发现该校教师非常敬业，有许多感人的故事，他们就把这些故事汇编好对外散发；学校建校四十多年，有深厚的文化底蕴，许多该校毕业的学生在中央任职，也有许多大使级人物，该校还有个12岁的学生考进中科院的少年班，B公司把这些有突出成就的学生筛选出来，编写个人事迹对外宣传。(2)对学校的办学模式和教学模式进行重新包装，如教学模式采用连读，国内两年、国外两年等，对于考上北大、清华的学生，返还三年学费，考不上大学免费复读一年等。(3)在当地媒体投放广告，并进行多渠道宣传，包括开展学生家长见面会等活动。

特别有意思的是,该校还参加了全省春季房展会,在房展会上进行招生和品牌宣传,取得了意想不到的效果,吸引了一大批外地的家长和学生。

经过一系列的企业运作,学校招生和经营都取得了很好的成绩。

思考题

1. 工商企业与学校有哪些区别?这些区别是否必然决定学校的管理与企业的管理不同?
2. 用企业的方式来运作学校与用传统的学校管理方式来运作学校,哪种方式有利于学校取得竞争优势?
3. 用企业的方式来运作学校的利弊何在?
4. 办学体制的转变会对 G 中学产生怎样的影响?
5. 简要分析该学校的品牌营销策略。

案例分析

案例中的学校是一个比较特殊的学校,即企业出资进行改制,虽然还是学校,但是实际上已经成为企业的一部分,而且成为企业营利的一部分。应该说该校已经不同于传统的不以营利为目的的学校了。尽管如此,这个案例仍然具有典型性,引发了我们的思考:企业的管理方式适合学校吗?

在分析案例之前,我们首先要明确企业和学校的本质。企业一般是指以营利为目的,运用各种生产要素,向市场提供商品或服务的社会经济组织。现代经济学理论认为,企业本质上是"一种资源配置的机制",为的是实现整个社会经济资源的优化配置,降低整个社会的"交易成本"。而学校指的是有计划、有组织地进行系统的教育活动的组织机构。学校的根本任务是指导学生的学习和发展,这就意味着学校管理应遵循教育规律,强调其公益性。由此可见,学校和企业作为两种不同性质的组织,二者在管理目的、价值取向等方面存在着很大的差异。

然而，现代管理学的绝大多数理论发端于工商企业，然后逐渐应用到非营利组织，并改进着非营利组织的管理和管理理论。学校管理学以及指导学校管理实践的很多理论是从企业管理理论中发展而来的，而且这种趋势还在加强。一些学校管理者时常抱怨：理论脱离实际，企业的管理学理论不适合学校组织。但是，该案例却让我们看到了企业管理方式应用于学校组织的巨大潜力。

用企业的方式运作学校在国外已有多年的历史，如美国的爱迪生学校集团。他们从事的具体业务是管理公立学校和学区，旨在提高美国的初等和中等教育水平。公立学校和学区以特许学校的方式加入爱迪生学校集团，他们则负责这些特许学校的运行、学区的管理等，同时开办各种课外和辅导课程。此外，他们通过与办学质量较差的学校和学区签立合同，来帮助这些学校和学区提高学生的成绩。爱迪生学校集团是一家上市公司，讲求经济效益和成本核算，因此美国的教育界批评他们发展过于迅速，在上市之后，考虑得更多的是股东的利益，而非学生的利益。

在我国，自20世纪80年代起也出现了类似的做法，早期的实践主要集中于非基础教育领域或私营学校组织。其实，工商企业的管理方式对于普通的中小学也有借鉴意义。典型的工商管理模式是经营管理的方式。案例中，A公司首先将ISO 9000质量管理体系引入校园。作为一组国际标准的统称，ISO 9000质量管理体系强调以顾客为中心的理念、领导作用、全员参与、过程方法、管理的系统方法、持续改进、基于事实的决策方法和与供方互利的关系等八个基本原则。这样的管理方式强调严谨的管理规则，甚至是标准化的管理。

传统的学校是非营利的、缓慢变化的、相对封闭没有什么竞争的。这样的性质也造就了传统的学校管理是一种简单的行政管理模式。这种管理方式不以营利为目的，以教学为主，以经验为主。但我们必须看到，今天的学校已经不同于传统学校，随着科学技术的高速发展，学校的技术含量越来越高，学校变得越来越复杂。当今技术和经济社会的发展已经驶入了快车道，学校也被裹挟着进入了快速变化的时代，学校升降的速度都明显加快。由于优质生源的稀缺以及教育资源的有限，学校之间的竞争日益激烈。那种应对缓慢变化、封闭状态、以教学为主的传统学校管理模式已经难以应对现代学校所面对的巨大挑战，必须引入经营的理念和操作模式。

因此，ISO 9000 质量管理体系的引入，可以促进学校管理工作的科学化、规范化、制度化。这不仅有利于改进学校管理实践、提高管理效率，还有助于提高我国的教育质量和竞争力，进一步与世界接轨。当然，企业的经营管理方式也会给学校教育带来一些冲击，如过分重视经济效益而忽视社会效益，运用标准化的操作方式而忽视教育的个性需求等。这就需要在运用经营管理理念和方式时加以注意，不能够简单地套用和"移植"，关键在于增强"教育性"与"人文性"。

在本案例中，学校同时采取了品牌促销战略，这一点传统的学校很少运用。传统的学校往往相信"好酒不怕巷子深"。从一般的角度来看，品牌是一个名称、概念、标记、符号或设计，或者是它们的组合，其目的是识别某个销售者或某群销售者的产品或服务，并使之同竞争对手的产品和服务区别开来。品牌价值是用户或消费者对品牌整体实力的全面心理反应，分为消费者的可感知情感利益和功能利益，是与某一品牌相联系的品牌资产的总和。

品牌促销战略通常包括品牌定位和品牌促销实施两个方面。该校的品牌定位是：教育是一种服务，把学校建成国际化学校。该校的品牌促销手段有：广告促销——考上北大、清华，返还三年学费，考不上大学免费复读一年等促销方式，以及在全省春季的房展会上进行招生和品牌宣传。产品组合——教学模式采用连读，国外两年、国内两年等，并改名和重新包装。服务提供——教师非常敬业，真正把学生当成自己的孩子，有许多感人的故事；学校升学率已经连续四年稳居全市第一。整体经验——学校建校四十多年，有深厚的文化底蕴，许多该校毕业的学生在中央任职，或成为大使级人物；该校还有个 12 岁的学生考进中科院的少年班。同时，开展学生家长见面会等活动，增加交流渠道。

第二辑

用权与用干部

10. 学校的大小事务都由校长说了算吗

案 例

　　李校长今年35岁，当过班主任、年级组长，还做过三年的教导主任。半年前在一次调整领导班子时，他被任命为校长，主持一所有24个教学班的初中的工作。李校长是一个很有特点的年轻校长，平时对自己要求严格，能够以身作则。他有强烈的事业心和积极向上的进取精神，一心一意想把学校搞好。他精力充沛，能力强，做教师时，是地区有名的品牌教师，在教育教学上有自己的一套。上任以来，他保持了自己一贯的工作作风，兢兢业业，雷厉风行，真抓实干，希望通过自己的努力，使学校在短时间内有较大的变化。有一次，李校长检查教师备课笔记时，发现有些教师写得比较简略，反映不出课堂教学的安排和各教学环节的有机联系。他马上找到有关教师，指出问题，提出改进意见，并召开教学工作会议，明确提出备课的统一要求和备课笔记的写法。教师们没有说什么，因为李校长虽然只有35岁，但已经是高级教师，还当过市级先进，教学是内行。可这一决定却让主管教学的副校长很尴尬，因为他曾经在一次教研组长会议上讲过，对不同教师的备课笔记可以有不同的要求：青年教师尽可能写得详细一些，老教师可以写得简略一些。他要求教师把主要精力放在钻研教材教法、努力提高课堂教学质量上。所以，有的教师的备课笔记写得比较简略。还有一次，李校长到市里开了三天会，回校后看到总务主任正在指挥工人建自行车棚（这件事是由校务会议决定的）。李校长认为地点选择不好，应放在操场边的围墙附近。总务主任却认为，放在操场围墙边离办公楼太远，不利于教师上下班存取自行车。可是李校长还是坚持让总务主任把自行车棚改位置了。总务主任很不高兴，认为这纯属自己的管辖范围，校长不应该过分干涉。期中考试前，几位教师向李校长反映，学校活动安排得太多，牵扯了学生和教师过多精力，影响了教学。李校长认为反映得有道理，就建议政教处把一些活动推迟到期中考试以后，但政教主任说："工作计划是开学时制订的，再说教育教学同样重要。"李校长便说："先把活动往后推，具体如何安排我们开会商量。"政教主任只好按校长的意思办。一学期下来，学校领导班子其他几位成员的工作主动性明显下降，该自己做主的事也不再做主了，什么问题都来请示校长。教职工们看到其他领导都不管事，有什么问题就直接找校长反映解决，结果弄得李校长手忙脚乱，焦头烂额。李校长也感到什么地方出了问题，陷入了沉思……

思考题

1. 试分析一下李校长的特点，你认为他是一位什么样的校长？
2. 校长拥有学校的最终决策权，应如何正确使用这个决策权呢？
3. 分析李校长工作中的失误之处，并陈述你的理由。
4. 如果你是李校长，你如何扭转目前的被动局面？

案例分析

案例中的李校长有很多优点：对自己要求严格，能够以身作则；有强烈的事业心和积极向上的进取精神，一心一意想把学校搞好；精力充沛，能力强；兢兢业业，雷厉风行，真抓实干。应该说，李校长是一位懂教育、敬业的校长，但是其管理知识和能力却严重不足，造成管理失误。

管理者们常常会面临一些问题，有些是自己发现的，有些是下级提交的，有些是上级交办的。但面临问题是一回事，要不要你自己来决策并处理又是另一回事。正确的人作错误的决策会导致决策失败，错误的人作正确的决策，同样会降低决策的效果，甚至也会导致决策失败。这里涉及的是决策权限，即该由谁作出决策的问题。任何一个组织都会对权限进行划分，不同层次、不同部门的管理者有不同的权力范围。这就决定了不同管理者的不同决策范围和处理问题的权限。对本不该自己负责的问题作决策，超越自己的权限作决策，会破坏组织的运行秩序，影响他人的情绪；而对本该自己负责的问题，不去行使权力进行决策或采取推脱的战术，属于推卸责任，同样会给组织带来危害。如果把决策过程分为方案设计和拍板定案两个环节，那么最能够体现决策权的是拍板定案环节。作为管理者，遇到问题不能坐视不理，但一定要清楚自己在各种决策中的位置。该自己决策的一定要拿主意，不该自己决策的，可以提建议，通常不要随便替别人拍板。

按照决策权分散的程度，我们可以把决策分为个人决策、参与决策、委员会集体决策和民主决策。从决策的过程来看，个人决策是集方案设计和拍板于一身，任何组织都会对工作和责任进行分配，并落实到具体人员，所以日常工作中遇到的问题，大多属于个人决策的范围。与参与决策、委员会集体决策和民主决策相比，个人决策解决问题的速度更快，时间上也更节省。参与决策只在方案设计环节实施分权。各级各类组织会作出规定，某些问题的决策需要事先征求群众的意见和建议，然后根据这些意见和建议，由某个人或某几个人拍板定案。参与决策的目的是尊重群众的参与权。参与能够提高群众对决策的接受程度和承诺水平，有利于决策的实施。组织中有些问题的决策权属于委员会，而不属于某一个人。在对这类问题进行决策时，通常要采取讨论、协商的方式。委员会中每个人的决策权都是平等的，尊重每个人的权利是确保决策有效的重要因素。要尽量通过协商达成共识，如果不能达成一致意见，应该尊重多数人的意见。当然，与个人决策相比，委员会集体决策有利于提高决策的质量，使选出的方案更合理。比委员会制度更广泛分布权力的决策是民主决策。在这类决策中，每个组织成员享有平等的决策权。各级各类组织都会作出规定，某些问题的决策，需要通过民主的方式进行，如职工福利、医疗保险等。这些问题通常与每个组织成员的切身利益直接相关，群众普遍接受对决策的效果影响极大，所以尊重每个组织成员的民主权利尤为重要。在对这些问题进行决策时，要广泛征求群众意见，追求普遍满意。必要时进行民主投票，按少数服从多数的原则进行决策。

对于学校的很多事务，校长拥有最终裁决权。但是从管理学的责权对等原则出发，权力在谁的手里，责任和义务就在谁的手里。由于一个人的精力、知识、能力有限，所以校长必然会把大量的工作交给下属去做，因此应把相应的权力也交给下属。为了不打乱下属的工作节奏和部署，上级不要轻易替下属作决定或者改变下属的决定。这并不是说决策的权限神圣不可侵犯，组织中的每个人、每个部门都独守一隅，互不往来。实际上，在某些情况下，可以适当超越决策的权限：（1）当他人的个人决策可能对你的工作有重要影响时，你可以通过提建议方案的方式适当影响他人的个人决策，但是不能强加于人。高层管理者尤其要注意这一点，因为他们的位置决定他们的越权行为较少受到抵制。（2）当自己的个人决策在执行中需要他人配合和承诺时，应该尽量吸收当事人参与决策，听取他们的意见和建议，在可能的条件下，照顾当事人的利益和要求。（3）发生紧急事件时，如工厂失火、突发重大伤亡事故，如果具体负责人不在现场，或者出于稳妥、保险的考虑，由现场职位最高的管理者或者组织的高层管理者进行决策并组织实施。对于紧急事件发生时，在现场，应该出面而没有出面解决危机的负责人，要追究领导责任。（4）对一个无纪律的组织进行治理的初期，高层管理者出于树立权威的考虑，可以对本该由参与决策甚至民主决策解决的问题，实行个人决策。前两种情形，对于决策权限的超越，只是发生在决策的方案设计环节，在拍板定案环节依然维持原先的决策权限。也就是说，只是决策的参与权有所变化，而决策的根本权限并没有发生改变。后两种情形，决策的权限则发生了根本的变化。

由此可见，在实际工作中是否可以超越决策的权限，超越到什么程度，需要具体情况具体分析。这样看来，李校长的错误在于没有严格按照学校的分工来行使权力，结果下属无所适从，不得不事事请示，使得他疲于应付。要改变这种状况，李校长必须控制自己越权的冲动，鼓励和支持下属在自己的权限内作出决策，如果必须越权，也要注意越权的时机和程度。

11. 以走班制为核心的全面改革

> **案 例**

Z中学是一所市级示范学校,历史悠久,包含初中、高中两个学段。为秉承"跳出教育看教育,跳出教育发展教育"的大教育观,该校于2013年先后启动了"学部制"、"导师制"、"学长制"、"走班制"及"学分制"的"五制"改革。

朱校长考虑到随着走班制的实施,原来的行政班将逐渐消解,新的管理单元则必须出现,以对接新的教学模式。于是,2014年9月,学校的学部制先于走班制被推上前台。学校的学部制划分为普通高中志成学部(高一——高三),普通高中艺术学部(高一——高三),普通高中科技学部(高一——高三),六年一贯制学部(初一——高三)四个学部,计划逐步取代原来的年级制。学部设学部主任一名,实行学部主任负责制,负责学部内教育教学事务的管理和学部特色建设、学部文化的打造。不同于原来的横向年级管理,学部制是纵向管理,是学校的一个管理单元,不同年级的学生按发展方向、兴趣特长进入不同的学部。

学部制的推行使教学班代替了行政班,导师的角色变得尤为重要,于是Z中学在推行学部制的同时,又引入了导师制。导师由教师发展中心负责培训,由学生发展中心负责指导,制定导师工作职责和管理办法,具体由学部负责聘任、管理与评价、考核。原则上每位教师都有承担导师工作的义务和责任。一方面,学生可以选择自己信任的老师做导师;另一方面,导师也有权利选择学生。经过双向选择之后,每个学生都有至少一位导师,每位导师负责的学生数一般不超过10人。导师的职责和以前的班主任不同,不是负责学生的日常管理,而是要对学生进行学业、心理和人生发展方面的指导。

作为导师制的重要补充，学生资源也被充分挖掘利用。Z 中学在推出学部制、导师制的同时还推出了"学长制"。学长可以由学生志愿申请和学部选择聘任产生，承担学长职务可以作为学生的一门荣誉课程，纳入学校课程，履行了学长职责可以获得学分，获得证书。

在学部制、导师制和学长制的牵引下，Z 中学的走班制终于开始推行。学校将上百门课程分为国家必修课程、国家选修课程、综合类课程、校本类课程四大类，并为每个学科设置多个课程层次和不同发展方向的课程，为不同的学生铺设学科学业修习的路径和阶梯。学生可以据此选择适合自己的课程，形成个性化的课表。不同学科的分层依据不相同，不同层级的教学方法不同，评价方法也不同。例如，对于数学学科来说，不同层级的学生之间，接受能力、潜在能力、逻辑思维能力差别很大，这就要求学生分层要多，教师的教法要多样化，因此数学学科分 A+、A、B 和 C 共 4 个层级，对不同层级制定不同的教学目标要求和不同的评价方法。对英语学科而言，主要培养学生的听、说、读、写四种能力，而四种能力又是相对独立、相互关联的，因此英语的分层教学采取"分类分层"教学法，把英语课分为"听说、阅读、词汇与翻译、语法与写作"四个方面，同时按照学生的需求和实际学习状态，分成 A、B 两个层级。在真正实施分层选科之前，每个学科均用问卷调查的方法来确保分层方案符合学生的真实情况，再根据调查结果对分层方案进行调整和修改。如史地政三科就是经过调查问卷后，将分层方案定为 A、B 两层。学生选课的方式主要有两种，对应两种课程。在共同基础普修课程中，一般采用导师指导，学生自主选择，普修课程一般不设门槛，要求学生在规定的时间内必须作出选择，完成修习。在兴趣素质拓展选修课程中，一般采用导师推荐，双向选择的方式，即课程要求学生已经具备了一定学习基础或特殊潜质和兴趣，才可以选择，任课教师可以对选课的学生进行考核选拔。

与课程体系改变相配套的是评价体系的改变。Z 中学推行的学分制实行模块式和节点化的管理，学校设立学分银行，每个学生有自己的学分账号，学生可以通过学校信息管理平台即时查看自己的学分积累。学分在一定规则下可置换、可升值、可流通转换充抵，给不同领域的学分赋予不同的"颜色",每个学生的学业进阶路径的差异可以由学分的多少和"颜色"的不同来体现。学分还是学生获得学校颁发"1+5证"的重要依据,只有修满各类共同基础课程学分的最低值,才能获得高中毕业证书;而要获得其他证书,就需要达到更高的学分值才可以。在学分制的基础上,Z中学还将进一步实行 GPA 绩点评价,使对学生学业质量的评价更为客观全面。

由此,Z中学逐渐建成了以走班制为核心,走班制、学部制、导师制、学长制、学分制紧密联系的"五制"教学改革。

但是,在"五制"改革进行的过程中,朱校长发现,这个有机体背后,还有一个更大的整体,那就是整个学校的组织架构。针对"五制"教学改革的需要,学校应该重新梳理管理机构及其职责,学校管理与服务也需要随之转型,重新构建起新的管理体系和管理制度,整合与分配责任、权力和资源,向实行全校扁平式管理和学部负责制过渡。于是拟将原来的教务处、学生处等机构全部改头换面,成为向现代学校制度转型的各司其职的功能中心。

(吴华)

思考题

1. 该学校的"五制"改革相对于传统的学校培养体系,有什么优势?你觉得会有哪些副作用?

2. 你认为有必要将整个学校的组织架构进行改头换面吗?为什么?

3. 如果你是朱校长,你会将教务处、学生处等机构进行怎样的转型?

4. 在整合与分配学校各组织机构的责任、权力和资源的时候,需要注意哪些问题?

5. 在学校大刀阔斧的全面改革中,如何才能顺利地进行权力转换?

案例分析

班级授课制产生于近代资本主义兴起的时代,是由于要求普及教育,扩大教育教学规模,提高教学质量和效率,从而批判、否定分散的小农经济和封建隔绝状态下长期实行的个别教学组织形式的结果。自捷克教育家夸美纽斯将班级授课制确定下来之后,班级授课制成为了近现代教育过程中最流行的教育组织形式。然而,随着基础教育的全面实施,高中教育的基本普及,初高中教育的功能也随之发生了变化,从只面向少数的精英主义教育转向了大众教育。尤其是高中教育,不再只是为了向大学输送合格的生源,同时也需要兼顾培养学生的"人生规划"能力、职业意识、创新创业精神以及更好地生活的能力。由此,2014年12月16日,我国教育部发布了《关于普通高中学业水平考试的实施意见》,明确对高考进行改革;同时,新的《普通高中课程方案》也规定高中生在学校除了要学习必修课程,还有总量超过必修课程的国家选修课程和一定数量的学校自主开发的校本选修课程。学生可以根据自己喜好,选择自己喜欢的学科方向和教师,安排自己的课堂学习。于是,走班制成为中国许多高中开始推行的新型教课模式,与大学类似。这种模式为:日常管理仍在一个固定的班级,称为行政班,但由学生自由选择上课内容和学习的教室,称为教学班。不同班级的学生,根据自己所选科目的不同到不同的教室上课,需要时自习也会在教学班上。

相比传统的班级授课制,走班制更体现了以人为本的教育理念,针对不同学生的特点与需求,为每位学生提供了不同的教育内容,使学生们能够充分发展个性。在进行走班制的改革中,Z中学为了能够让师生适应改革的变化,同时进行了"学部制"、"学分制"、"学长制"和"导师制"的改革,使走班制在学校管理制度、学生学业管理、师生适应性方面都得到了保障。

当然,改革总是会伴随一些"阵痛"。Z中学的"五制"改革,给学校教师带来了更大的压力,因为他们不再只是上好国家课程标准内的课程就好,而是要发挥自身的特长,开发出既具有教育意义又能吸引学生的特色课程。另外,在传统的行政班级影响力削弱的前提下,学生的集体归属感下降,对他们的管理难度也大大提高,这对于教师乃至学校来说,都是一个大难题。学校的组织架构改革是全方位的还是循序渐进的,主要根据改革的内容和学校的现状以及所处的内外部环境而定。学校组织架构改革是对学校的权利结构、规模、沟通渠道、角色设定、组织与其他组织之间的关系,以及对学校组织成员的观念、态度和行为,成员之间的合作精神等进行有目的的、系统的调整和革新，目的是为了使学校能够适应其所处的内外环境和社会责任等方面的变化，从而提高学校效能。

组织变革的模式有激进式和渐进式两种，学校的组织变革也是如此。激进式变革力求在短时间内，对学校组织进行大幅度的全面调整，以求彻底打破初态组织模式并迅速建立目的态组织模式。在这个过程中关键是建立新的吸引子，如新的教学目标、新的学校发展规划、新的激励约束机制等等。如果打破原有的稳定性之后，不能尽快建立新的吸引子，那么组织将陷入混乱甚至毁灭。但在激进式变革中，需要注意的是变革只是手段，提高学校效能才是目的。如果为了变革而变革，那么会影响学校的正常运转。渐进式变革则是通过对学校组织的小幅度局部调整，力求通过一个渐进的过程，实现初态组织模式向目的态组织模式的转变。这种方式的变革对学校组织产生的震动较小，而且可以经常性地、局部地进行调整，直至达到目的态。但是这种变革方式容易产生路径依赖，导致学校长期不能摆脱旧机制的束缚。

Z中学的"五制"改革更趋向于激进式的方式，接下来也需要对学校原有的职能部门进行相对应的改革，这一系列的变革有利于学校在较短时间内实现全新的转变。但也要注意改革过程中的艺术性和科学性，在以提高学校效能为目的的前提下，有针对性地进行配套变革，避免一味地只为变革而变革。

在学校全面改革进行中，如何才能顺利地进行权力转换？明兹伯格提出了一种分析组织内外权力的方式。在他看来，组织权力来源对一种资源、技术技能或知识的控制。然而，一般来说，作为一种权力基础，资源、技能或知识对组织功能的发挥十分重要；它们总是短暂的，一定不可轻而易举地被取代。换言之，组织必需的东西，只有少数几个人可以提供。例如，主要负责教师任期的校长拥有资源权。善于处理人际关系的副校长妥善平息了家长、学生和教师的愤怒情绪，他就拥有了权力。而教师在学校中自行理解了强制推行新课程的各种要素，他就拥有了权力。因此，在整合与分配学校各组织机构的责任、权力和资源的时候，学校资源的分配和各组织机构的责任分担则成了关键。因此Z中学在激进式的改革中，对学校的整体结构进行了大规模的变革，就需要格外注意将责任明细划分，配之以相应的学校资源，从而各机构也就自然而然地拥有了相应的权力。

12. 新任校长改革校纪校规引发的困惑

案 例

根据局里安排，贾校长被调到问题较多的第三中学当校长。局里对他寄予厚望。到任不久，贾校长就对原有校纪校规加以研究，发现其中有不少不尽合理之处需要改革。但他觉得先要找到一个突破口，而且要改得公平合理，令人信服。最终贾校长选中了一条规定：本校无论干部还是教师，凡上班迟到者，一律扣当月奖金1元。他认为这条规定貌似公平，其实不然。因为干部们发现自己快要迟到了，就先去局里或商店兜一圈再来学校，有个堂而皇之的"因公晚来"的借口而免于受罚，教师则无借口可依。学校200多人，近半数的女教师家里有孩子要照顾，家务事多，早上还要送孩子上学。学校未建家属宿舍，教师住得远的途中要换乘一两趟车，碰上塞车、停渡，尤其是雨、雪、大雾天气，尽管很早出门，仍难免迟到。有的干部善意地提醒新校长：切莫轻举妄动。此禁一开，纪律松弛，不可收拾。而且别的学校还设有考勤钟，迟到一次罚10元，还是累进式罚款，第二次罚20元，第三次罚30元……我们学校才扣1元，其实也不算什么大的惩罚。但贾校长斟酌再三，认为这条规定一定得改。因为1元钱虽少，可是一旦让教师觉得不公平，不服气，就会影响到工作积极性。于是，在3月末召开的学校教职工大会上，他正式宣布，从4月1日起，教师迟到不再扣奖金，并说明了理由。这一决定立刻引起了全校轰动，教师们报以热烈的掌声。不过贾校长又补充道："迟到不扣奖金，是因为有客观原因。但早退则不可原谅，因为责在自己，理应重罚。所以凡未到点而提前去吃饭或者回家者，要扣奖金。"贾校长觉得这条补充规定跟取消原规定同样公平合理，但教师们却反应冷淡。

新校规颁布不久，就有四位教师提前去吃饭或者回家。办公室请示校长该怎么办，贾校长断然说道："照学校规定扣她们奖金。这才能令行禁止嘛。"于是，处分的告示贴了出来。次日中午，贾校长偶然遇上了受罚教师之一的小郭，问她："罚了你，服气不？"小郭不理而疾走，他追上几步，又问。小郭悻悻地扭头回答："有什么服不服？还不是你校长说了算！"贾校长默然。当天下午，贾校长让工会主席老梁与四位受罚教师谈话。原来这四位教师，有一位因为孩子在幼儿园尿湿了裤子，提前去了幼儿园；有一位因为肚子不舒服去了医院；还有一位因为爱人生日去了一下花店；最后一位什么也没有说，认为罚就罚吧，认了！下一步该怎么办？贾校长皱起了眉头。

（邱劲松）

思考题

1. 作为一个新上任的校长，应该注意哪些问题？
2. 贾校长改革校纪校规有错吗？为何效果不尽如人意呢？
3. 试评价贾校长后来制定的新校规，指出其合理与不合理之处。
4. 分析贾校长对这所学校的管理方式。
5. 如果你是贾校长，接下来准备怎么开展工作？

案例分析

作为学校管理者，在管理中一定会遇到许多困惑。在困惑中思考，在思考中困惑，甚至是思考——困惑——痛苦……这些并不是面对一个个问题时的束手无策，而是一种求索，是一种攀越，是寻求最简洁、最科学、最人性化的方式以达到教育管理的理想境地的一种思想磨练。然而，学校管理中也会存在多余的"困惑"。不客气地说，有的学校管理者常庸人自扰。因此，学校管理要抓住重点，让不该困惑的"困惑"走开。

案例中的贾校长到任不久，就发现原有校纪校规中确有不少不尽合理之处需要改革。但作为一个新上任的校长，没能新官上任三把火，反而使老师们产生抵触情绪，不得不说这第一步路没有走好。

在任何一个组织中，新领导上任都应该注意以下三个方面：

1. 树立形象。新领导给人的第一印象至关重要，将对以后的工作产生长久的影响。一般来说，新领导要给人以决心干一番事业、虚心好学、真抓实干以及民主廉洁等形象。

2. 从调查研究入手。无论是以何种方式上任的新领导，都想在上任之初就烧"三把火"，急于大干一场。这种热情是对的，但是切忌急于求成。要烧好"三把火"，一定要先备足"柴草"，即了解学校之前和现在的状况，了解下属的情况，并按照新职务的要求准确分析自己，以扬长避短。

3. 选准工作的突破口。经过调查研究了解了学校各方面情况之后，就要综合分析情况，作出判断，选好突破口。突破口选得准，就能旗开得胜，否则，就可能影响以后的工作，造成被动局面。由于各校情况不同，工作重点和矛盾焦点都不一样，所以选择突破口要从实际出发，灵活决定。有的学校适合从健全领导班子抓起，有的适合从制定规划目标抓起，有的则适合从解决教职工最关心的问题开始。

其实，以上三点，案例中的贾校长都注意到了。首先，他想做一件令人信服的事情以获得威信，于是研究了学校的各项校规校纪，发现了很多不合理的地方，并选择了一个他认为必须改革的地方作为突破口。应该说贾校长的出发点是很好的，但是却没有收到预期的效果。主要原因大概如下：一是贾校长对于突破口的选取过于专断，在制定改革方案的时候没有做好调查研究工作。他没有广泛征求大家的意见，而是自己认为怎么对就怎么来，没能让大家信服。二是新规定的制定和执行过于草率，没有了解老师们的问题所在，比如老师为什么早退，是否有合理原因。在没有了解情况时一概惩罚，其实与之前的老规定一样，是不合理的。三是管理重心有误。教师的工作不是计时计件的工作，在时间上管束教师不是教育管理的重心。因此，我们是不主张在上下班上"管死"教师的。作为学校管理者，在一些非核心的事情上对教师大做文章，再为这些文章做得不好而"困惑"，实属不必。

学校管理管什么？一句老话：应该抓牛鼻子。比如在教学管理这一块，就该着力抓集体备课、基础教案和课堂作业。抓集体备课、基础教案，就要从提前进行集体备课开始，要求主备人与学科组所有教师都要初备课，集体研讨时反对形式主义，提倡"顶真较劲"；强调主备人试教与对基础教案的个性化修改，增加主备教案定稿的严肃性，到集体备课电子档案的建立……一着不让，管出实效。抓课堂作业，从选题的布置，到作业无抄袭，再到导师式辅导，着力于精化、美化、优化。这些才是真正值得管理者困惑的事情。

还有一个"怎么管"的问题。高度的管理应该是刚性与弹性的和谐统一。退一步来说，即使对教师上下班迟到、早退进行考勤管理，也应该分析原因，区别对待。这方面其实早就有过经典的案例。有两位老师都迟到了半个小时，一位到校后立即主动找校长，早已羞得满脸通红，解释自己家里有事耽搁了；另一位到校后却若无其事，等校长找到他，他也丝毫不当回事，甚至振振有词地说自己是家里有事耽搁了。如此情况，如果管理者只注重执行制度的"刚性"，不"困惑"才怪呢！其实，作为学校管理者，至少应该明白：教师的性格各异，情感、态度、价值观不一。在如今这个"人情"缺失的年代，你投之以桃，他却不报之以李，这也很正常。再者，你所投之的，你以为是"桃"，教师却不一定以为那是"桃"。也就是说，尽管你很"人文关怀"，然而也会有投错"桃"的时候。比如，你听说一位教师最近遇上了一件烦心事儿，于是，你特意抽出时间去和他谈谈，极尽关怀之心。然而，这位教师此时此境却不需要你的关心，甚至认为你是在烦他。再比如，在其他教师面前，你对某教师赞不绝口，而在他的家属面前，你却闭口不谈他的先进事迹。前者，你貌似"人文关怀"，其实是为了让其他教师效仿；后者，你不应该"忽略"，其实这正是教师需要你为其对家庭"不负责任"开脱的时候。关于人文化管理，或者人性化管理，也不是管理者一厢情愿的事情。很多时候，管理者往往只是站在自己的立场看待问题——处理了教师，还要"人文关怀"一下，非得"逼"着被处理者心服口服，比如案例中的贾校长。如此心态，平时的一些人文关怀也就被深深打上了急功近利的色彩。

关心教师的疾苦，本来就是管理者应该要做的事。比如，某位教师生病住院，学校管理者代表学校去看望一下；或者某位教师家庭遇到了困难，学校管理者代表学校送去温暖。在这些时候，急功近利的学校管理者往往期待被关心的教师对他们感恩戴德。案例中的贾校长遇上了受罚教师之一的小郭就马上问她"罚了你，服气不"，而不是问对方为什么会早退。当看到教师不合作的态度时，学校管理者往往深感失望，甚至大为光火，却不反思自己的工作有没有问题。

13. 胡校长为什么没有做出业绩

案 例

胡校长上任后，经过一段时间的调研，出台了教师岗位负责制和学生分层次教育等措施。在教师岗位责任制方面，胡校长规定，教案必须由校长领导下的办公会讨论认可后才能进课堂，取其名曰"集体备课"；批改的作业，必须由教研组长定月检查，并写好总结，取其名曰"课后反思"；教具的领取必须到位，并备案索查，即每课内容涉及的教具，都必须使用。可在政策执行过程中，胡校长遇到了一系列难题。有些老师的教案是根据新课改的要求编写的，形式新颖独到，环节活泼有趣，但是在上课的过程中却对学生启而不发。另外，学校没有充裕的经费保证每个老师申请的教具都能及时到位。老师们拿不到教具，不能落实教学计划，又不理解校长的苦衷，常为此抱怨。

胡校长的另一项改革是把毕业班分成三个层次，称为快班、中班和慢班。他对教师们说："苏霍姆林斯基指出，教材范围内的知识量的差距只是表面现象，后进生和优等生的真正差距是'智力背景'知识面的差距。这是因为如果学生'学习背景的智力生活十分贫乏、狭窄，即使是微不足道、极小的知识量也会力不胜任的'。'学生的兴趣、爱好、才能是多种多样的，切不可硬让这种多样性迁就某种统一模式'。"所以他认为应对学生进行分层次施教，并订立各层次的目标。快班以培养"精英"为主，占领教育领域的制高点，做足面上文章；中班以学习"技能技巧"为主，为社会劳动服务，实现教育目的；慢班以"丰富的课内活动"为主，激发学生的学习兴趣，尽量做到"一个也不能少"。他还强调，各层次班级学生要相互竞争，随时调换班级。可是，改革后，各种问题接踵而来：快班的学生骄傲自大，看不起其他班的同学，甚至有人对老师都不尊重了；中班的学生则不思进取，勉强度日；慢班的学生则丧失自信，甚至仇视快班的同学。

时间在"争斗"中流逝，到了期末，统考的成绩并不理想。面对这种情况，胡校长改变了策略，把对教师的管理放到了各个教研组，要求教研组根据实际情况，灵活掌握。可是新问题又出现了，各教研组在经历了去年的"努力"后，把校长当成"朝令夕改"的主，认为这也只是一个形式。因而，每组都形式化，走过场。最终这一策略也成了一纸空文。对毕业班学生，胡校长把少数人分到慢班，其余的都分到了平行班。按理说，这样总该可以保住大部分了吧。可是，又难免有鱼龙混杂的嫌疑，效果也不理想。

（肖孝兴）

思考题

1. 组织中的领导应该具备哪些基本素质？具体到学校中的校长呢？
2. 胡校长在学校管理的过程中存在哪些问题？
3. 分层次教学的方法可取吗？
4. 校长在学校要如何树立起领导威信呢？
5. 教育成果到底该如何衡量？成绩可以作为衡量标准吗？

案例分析

根据领导者素质结构理论，虽然位于不同层次的领导者，由于其工作性质具有很大的差异，导致其对领导者素质的要求不同，但从总体上看，领导者都应具备较好的生理素质、心理素质、知识素质、能力素质、情操素质、观念素质等。

1. 生理素质。要胜任繁重的领导工作，领导者首先应有健康的身体、旺盛的精力。列宁曾经说过：身体是革命的本钱。因为任何一项工作无不是艰苦而繁忙的脑力和体力劳动。领导者能否每天坚持连续工作几个小时，甚至十几个小时，能否在自己的一生中较长时间保持充沛的精力和良好的记忆力、理解力及创新思维能力，与其生理素质的好坏有着直接的关系。

2. 心理素质。心理素质是一个人个性心理特征的综合，包括认知过程特征、情绪情感特征以及气质、性格、兴趣、爱好、意志等方面的特征。这些特征有一部分受先天因素的影响，但更多的是后天形成的。优秀的领导者需要有良好的心理素质，如在认知活动中有较强的注意、记忆、思维和想象能力；有比较稳定的情绪和高尚的情操；有开朗的性格、坚忍不拔的意志和毅力等。只有这样，才能较好地应对组织中不断产生的各种新情况和新问题，才能较好地面对不断变化着的组织内外环境，逐步将组织引向成功。

3. 知识素质。对于一位优秀的领导者而言，他既应拥有广博的一般知识，又应拥有相当的专业知识；既要拥有书本上的知识，又要拥有实践中的知识。这就涉及领导者的知识结构问题。领导者必须建立合理的知识结构，在其知识结构中，至少应包括四方面的知识：（1）基础知识，诸如人文历史知识、政治法律知识、哲学知识、地理知识、文明礼仪知识等。（2）专业知识，即做好本职工作所需的专业知识。（3）相关知识，如管理知识。（4）实践知识，不断地接触和发现生活中的新情况和新问题，并经过自己头脑的加工，使其上升为理性知识。

4. 能力素质。领导是一种综合实践活动，对能力素质的要求比较高。领导者的能力素质主要包括筹划与决策能力、组织指挥与协调能力、人际交往与沟通能力、灵活应变能力和开拓创新能力。

5. 情操素质。所谓情操，是指由感情和思想综合起来的、不轻易改变的心理状态，通常又将此称为政治素质。作为领导者，必须具有高尚的情操，包括严以律己、宽以待人、不断进取、诚实守信、公正廉洁、勇于负责等。

6. 观念素质。观念是人们行动的前提。中国有句古语：不怕做不到，就怕想不到。如果领导者的观念落后，其他方面的素质再好，也不可能将组织引向成功。因此，领导者应树立起各种正确的观念。在当今及未来的时代，领导者主要应树立起正确的政治观念、法制观念、科技观念、市场观念、人本观念、创新观念以及整体价值观念等。

校长在学校领导中占有重要的地位。他是办学的掌舵者，是改革创新的设计者，是学校管理的组织者，是优秀教师的培养者，是教育科研的领路者。这就要求校长具有较高的素质，包括具有坚定的政治信念和端正的教育思想；具有良好的思想道德修养和诚实、公正、无私的品质；具有高度的事业心和责任感，爱岗敬业，勇于改革创新；具有丰富的领导和管理经验，善于决策；能遵循教育规律有效开展工作，坚持以教学为中心，积极工作，讲求实效。

对照以上的素质要求，我们可以分析出胡校长之所以没有做出业绩的原因主要有以下几个：

第一，缺乏较强的决策能力。学校管理决策过程是一个科学的过程，有规律可循。一般来说，这个过程应包括四个步骤，即情报搜集、方案设计、方案抉择和执行审查。胡校长在没有认真研究的情况下，就制定了教师岗位负责制和学生分层次教育的措施，而且没经过讨论验证便急于付诸实施。由于前期考虑不周全，实施时问题也就凸显出来，比如，教具不能及时到位，使得教学计划不能落实。

第二，理论知识不够全面深入。胡校长制定决策的依据，表面上看都来自苏霍姆林斯基的教育思想，但是他对苏氏的教育思想却没有理解透彻，只是断章取义罢了。苏霍姆林斯基曾经说过："学生集中的兴趣、爱好、才能是多种多样的、丰富多彩的。切不可硬让这种丰富多彩的多样性迁就某种统一模式。"但是，这种说法的初衷是为了让教育工作者们注意保护学生的兴趣爱好，不要以刻板单调的教育方法去扼杀学生的爱好，而绝非提倡将教育资源集中运用到一小部分学生身上。

第三，教育理念不符合教育事业的根本原则。在全面提倡向素质教育转轨的今天，胡校长却在沿袭应试教育的理念，为了功利性目标牺牲大多数学生的利益。作为教育工作者，应该让学生在学校感受到公平与平等的社会理念。这不仅仅是平等理念的问题，还是尽可能保证每一位学生都能够成为具有健康人格的优秀公民的问题。

第四，在教职工中的威信不够。由于以上几点不足，胡校长没能在教职工中树立起良好的威信。大家把他当成"朝令夕改"的主，认为他的决策只是一个形式，因而没有积极遵从配合，使得他的工作不能有效开展。

实际上，领导者的权威不是上级赐予的，不是职务带来的，也不是靠别人和自己吹捧出来的，而是靠自身的品行、素质和言行表现树立起来的。

　　首先，领导者应当是一位德才兼备的优秀人物，必须时刻注意培养自己良好的道德品行，并将良好的道德品行化为自己的血肉，融入自己的精神，这样就能在使自己的精神境界得以提升的同时，也在群众中真正树立起崇高的威信。其次，一个具有卓越才能，并能运用自己的才能在领导工作中作出一番成就的"有为"者，才能有效地树立自己的权威。假如一个领导者懦弱无能，那么，无论他怎样努力也是不可能拥有权威的。这说明，领导者要想在组织中占有一席之地，进而树立自己的权威，就必须有所作为。再次，领导者要办事公道，以公平树立权威，这直接反映了领导者的管理水平，影响着领导者的自身形象和威信。另外，"取信于民"是每个领导者开展工作的基石，下属不信赖你，对你的话心存疑窦，你的要求、你的许诺渐渐会失去应有的效用。时间久了，作为领导者的威信会一落千丈。最后，一个领导者若想得到更多的权威，就必须与下属有更多的交流。要做到这一点，就必须与下属建立良好的感情纽带，同心同德，以情感树立权威，把权威深深植根于下属的心中。

14. 李校长的"无为而治"

案 例

李校长是一所优质中学的校长、市教育学会的理事长，又是区政协委员。他经常参加校外社交活动，不是每天都在学校，但学校工作井然有序。在校时，他经常到办公室同教师谈这谈那，也不拘形式地与学生接触，问这问那。在交流中，教师、学生向他提出了许多具体要求。例如，物理教研组长提出，实验器材不足，要求学校解决；一个班主任反映，学生课外作业负担过重，希望学校采取一些措施予以解决；会计谈到学校基础设施建设中存在一些矛盾，请求仲裁。对于这些要求，李校长一般都会说："我知道了。这个问题副校长在管，你去问他，让他决定。""我同教务处谈谈，让他们处理。""我跟总务主任说一下，让他解决。"

一次在教职工大会上，李校长念了一张老师写给他的条子："你是校长，为什么遇到问题不表态？是权不在手，还是处理不了？"念完条子，李校长首先感谢了写条子的老师对他的关心，然后明确表示："我是有职有权的，学校里重大事情的决定，都是由我主持作出的。这就是权嘛！至于执行过程中的具体问题和细节的处理，领导成员有明确分工。因此，我不能随意表态。"对李校长的解释，一些教职工仍不赞同。他们认为，领导成员多，应是校长说了算，若两位领导对一个问题表态不同，应该听校长的。由于有这样一些议论，导致李校长不在校时，个别领导成员就把一些自己能处理的事也搁了下来。

面对这些情况，李校长除了在领导班子中统一认识外，又通过各种方式对教职工谈了他的看法："校长负责制，不是按校长个人的意志办事。不按章办事，校长说的也不能算数。有的事无章可循，特别是有关改革的事，更不能由校长一人决定。学校中大大小小的事，都由校长决定，都要通过校长，这不叫有职有权，而是个人专权。集体决定的事，校长随意变更，或者对那些有人分管的事，校长出面表态处理，不但不能调动每个人的积极主动性，发挥其才干，而且会养成一些同志的依赖性。"李校长的看法得到领导班子成员的赞同，但有的教职工还是向他提出问题："这样说，校长不是'无为而治'了吗？"他回答说："校长应该管他所应管的，而不管他所不应管的。样样抓在自己手中，看似权力大，实质上是放掉了大权。不授权给分管的领导，自己成了光杆司令，那才会真正地失权。"

（颜华）

思考题

1. 你如何界定李校长在哪些事情上有所为，在哪些事情上有所不为？

2. 如果你是李校长，在与基层教师、学生沟通时，面对他们提出的具体问题，你会采取何种措施？

3. 你如何评价李校长的这种管理方式，有什么优点？在实践中会出现哪些问题？

4. 李校长对小事不为，但他仍然对学校的事情负最终的责任。请你为李校长提供一些建议，克服分权中遇到的问题。

5. 谈谈你对校长角色的认识。在新的形势下，校长的角色发生了哪些转变？

案例分析

学校是科层组织，根据组织设计的分工原则，员工各司其职。员工做事必须有一定的权力保证，保证权责的统一，才能顺利完成组织任务。校长在组织中扮演自己特定的角色，处于统筹全局的地位，不可能事事亲为。管理者在作出组织的关键决策时，从不或很少从低层取得决策投入，我们称这样的领导为集权式领导。与此相反，如果低层人员提供较多的决策投入，或者实际上可以作出决策，组织分权化的程度就高，这样的领导方式为分权式领导。

集权式领导和分权式领导各有优缺点，有不同的适用情境。集权式领导有利于命令的统一，其决策的效率高；不足是管理者易陷入日常琐事而忽略学校战略性的发展，不利于下属的发展，不利于激发下属工作的积极性，容易使决策片面化等。这种领导方式适用于下属不具备作出决策的能力和经验，下属不愿介入决策，决策的影响大，组织正面临危机或紧急情况等。分权式领导有利于决策的科学化，有利于员工对组织作出承诺，提高员工对组织的忠诚度，有利于提高下属的成熟度，高层领导不会陷入日常的管理中而较多地着眼于学校的长远和整体发展等。分权也有其不足——管理者易被架空，从而使组织失去控制以及多头领导等。分权式领导适用于以下几种情况：环境复杂且不确定，下属具有作出决策的能力和经验，下属愿意参与决策，决策的影响相对较小。

案例中的学校处于平稳发展状态，且李校长担任市教育学会的理事长、区政协委员，采取分权的方式符合学校的实际情形。若学校处于改革时期，学校实力较薄弱或学校内部派系纷争严重时，就需要一个强有力的领导者，这时采取集权的方式更为有效。

新中国成立以来，中小学领导体制经历了几次大的变化。主要有三种领导体制，即校务委员会制、党支部领导下的校长分工负责制和校长负责制。前两种领导体制在当时的历史背景下也起到了应有的积极作用，但在党的十一届三中全会以来，随着党的工作重点的转移，基本路线的确立，随着经济体制和政治体制改革的展开，中小学领导体制暴露出明显的弊端，主要是党和行政在学校管理中责权分离，谁都负责，谁都负不了责。这种状况越来越不利于调动各方面的积极性，不利于学校管理的科学化和民主化，也不利于学校党组织集中精力，加强自身建设的科学化和民主化。为此，中共中央在1985年发布了《中共中央关于教育体制改革的决定》，全国绝大多数学校开始实行校长负责制。1993年2月，中共中央、国务院印发的《中国教育改革和发展纲要》则明确指出："中等及中等以下各类学校实行校长负责制。校长要全面贯彻国家的教育方针和政策，依靠教职员工办好学校。"从此，中小学正式实行校长负责制，学校拥有较大的自主权。

在这种情况下，学校管理要向专业化方向发展。不同层级的管理者享有不同的权利，承担不同的责任和义务，应具备相应的能力。高层管理者要求概念能力较强，进行组织整体规划和组织愿景的建设；中低层管理者则要求专业技能较强；三者都要有较强的人际关系能力，利于组织成员间的沟通、协调。李校长的管理理念是值得赞同的，即使他没有在外兼职，也应采取分权的管理方式。校长不能事事亲为，否则就会越权，教职员工将会面临尴尬的多头领导。

校长的重要角色之一是学校理念的建立和倡导以及学校文化的建设。校长要通过言传身教使教师明白学校对他们的期望——什么样的行为是值得赞赏的，什么样的行为是与组织格格不入的，建立共同的愿景，将组织成员的目标与组织的目标结合起来。校长是积极理念的倡导者，要树立全体员工的组织价值观，使其认识到建立在组织价值理念基础上的行为会得到组织的赞赏。但是必须明确，校长可以下放权力，而责任不能下放。校长可以不管某些事情的具体实施过程，但必须过问。有些事情不亲自实施，但要求相关部门给予反馈，以了解事情的进展状况，使员工感受到校长的关注。案例中的李校长经常到教师中间体察民情，但是遇到不是自己具体负责的事情时，便要求教师们向相关负责人反映解决，这就给教师们造成校长无权、不负责任的印象。造成这一印象的原因可能是：普通教师不了解学校的组织原则，不了解校长的领导风格。为此，李校长应该与教师以及管理团队进行必要的沟通。

15. 两所中学的"内部管理体制改革"会议

案 例

A中学年级组长、教研室主任会议下午4点开始。开会前一分钟,还有两个座位空着。该校张校长说:"现在开会了,大家都很忙,这是会议议程,每人取一张。大家都知道,教委将在本市选择一些学校,进行学校内部管理体制改革的试点,我建议我们学校争取这个试点的机会。我相信大家都已看过教委的文件,以及我为本校拟订的内部管理体制改革的试点计划。"这时门开了,迟到者小心翼翼地进来,关上门,坐到空位上。校长看了他一眼,继续说:"对于我所拟订的改革试点计划,以及对你们年级和教研室的要求,大家有什么想法和建议?"会议如此继续下去。

B中学年级组长、教研室主任会议也定于下午4点召开,开会前5分钟,该校王校长已在会议室与各教研室主任交谈。过了几分钟,校长看了一下室内说:"我们再等宋老师一会儿,我知道他对这个议题很有兴趣。"又过了几分钟,王校长建议会议开始,让大家随便坐。王校长说:"通过今天的会议,我想了解各位对教委关于学校内部管理体制改革试点计划的看法。我们学校是否要争取试点?大家有什么意见?"大多数与会者发表了意见,大家都同意学校试点,并提了些试点改革的建议。王校长正要说话,宋老师进来说:"抱歉,迟到了,我与家长谈话,多用了一些时间。""没关系,倒杯茶,拉把椅子来坐,我告诉你刚才谈了些什么。"王校长说道。宋老师坐好了,会议开始讨论校长提出的问题——"我们如何拟订改革试点计划"。

(庞惠敏)

思考题

1. 如果你是校长，针对教委关于学校内部管理体制改革的试点计划，将怎样组织年级组长、教研室主任会议？
2. 请对两所中学校长的领导方式和领导风格进行分析。
3. 请运用决策理论，对校长如何主持好决策性会议、如何实现决策科学化进行分析。
4. 你更赞同哪位校长的会议组织方式？

案例分析

会议是学校领导组织讨论、进行决策的重要形式，也是校长开展学校工作的一个重要方法。如何使会议议题集中、时间安排合理、会议效果显著，校长作为主持者起着至关重要的作用。如何组织一个决策讨论会议，不仅涉及会议组织的艺术，还对校长的领导能力、方式、风格和决策方式有较高要求。学校领导在决策之前应充分认识到开讨论会的重要性，在主持讨论会的过程中可以通过发动头脑风暴的方式，充分听取各方建议，为实现决策的科学化奠定基础。

在学校工作的实践中，校长要想成功主持决策讨论会，并取得预期效果，应遵循以下几个原则：要给予与会者充裕的思考时间；明确讨论会的时间、地点、与会人员；如果需要集思广益，要注意激发与会者发言的积极性，主持者最好不要先发表自己的见解；在讨论会上尽量避免让小事占据大时间；善于归纳总结。

在领导风格方面，早期的领导行为理论探索了三种领导维度——独裁型风格、民主型风格和放任型风格。独裁型风格的领导者倾向于集权管理，采用命令方式告知下属使用什么样的工作方法，作出单边决策，限制成员参与；民主型风格的领导者倾向于在决策时实施授权管理，鼓励成员参与有关工作方法和工作目标的决策；放任型风格的领导者倾向于给群体充分的自由，让他们自己作出决策，并按照他们认为合适的做法完成工作。研究表明，民主型风格更有利于工作，相比独裁型领导者，在民主型领导者所领导的群体中，下属有更高的满意度。

在此，我们可以根据以上主持决策讨论会应遵循的几个原则，结合学校领导理论比较分析两所中学校长的领导方式和领导风格，A校校长倾向于独裁型的领导方式，B校校长倾向于民主型的领导方式。具体表现在：

首先，与下属的关系不同。B校校长更重视与教职工的关系，是以人为中心的人际关系型领导，重视每一位教职工的建议，主动引导教职工更多地参与到决策的过程中，激发下属的积极性。二者面对迟到者的态度以及会前的行为不同。A校校长会前没有与教职工进行交流，会议准时开始并直接进入主题，对迟到者采取冷处理。B校校长在会议前与各教研室主任交谈，并稍微推迟会议时间等待迟到者，对迟到者采取关心与宽容的态度，并使他马上融入会议的讨论中。

其次，决策的方式不同。A校校长倾向于命令型风格，而B校校长倾向于行为型风格。命令型风格的领导者思考问题的方式是理性的，他们讲究效率和逻辑性，决策制定简洁快速。这通常是由于只考虑少量信息和评估少数方案的缘故。行为型风格的领导者同其他人相处得很好，他们愿意接受来自下属的建议，并通过会议的方式进行沟通。A校校长虽然也采取会议决策的方式，但会议之前自己已经决定争取试点机会并拟订试点计划。决策已经由校长作出，下级无权参与，仅仅是讨论校长拟订的试点计划。而B校校长则组织下属讨论，集体决定是否要争取试点，并提出建议，共同讨论制订试点改革的计划方案。

再次，从组织决策讨论会议的艺术来看，两校校长的风格也有很大不同。B校校长更善于组织决策讨论会，并使之发挥作用，达到组织会议的目的。具体表现在：开决策讨论会的一个关键原则就是主持者不能首先发表自己的见解。主持者率先发表自己的见解很容易为讨论定出基调，形成框框，使整个讨论受到影响，限制与会者思维的拓展。A校校长在讨论会开始就提出了自己的见解，并要求大家根据自己拟订的方案进行讨论，实际上已经作出了决策。这样进行讨论很可能会出现冷场，导致教职工产生不满情绪或发出一片赞同声。与会者不发表任何意见，使得会议不能取得理想的效果。而B校校长很重视下属的意见，有效把握会议的议题和进度，善于引导与会者围绕主题充分发表意见，讨论的过程既是发扬民主的过程，又是统一思想的过程；善于总结归纳，按照议题逐项进行，形成一致性的意见。这也是校长讲究和发挥领导艺术的结果。

对两所中学校长组织的讨论会进行比较分析后，我们可以讨论校长如何通过会议来实现决策的科学化。领导的几种不同方式和决策的不同风格虽然具有明显的差别，但大多数校长通常具有一种以上的决策风格。校长面对不同的情况可能采取不同的领导风格，要根据具体情况来选择适宜的领导方式和处理方式。

因此，不能笼统判断A校校长和B校校长组织学校会议、开展学校工作的好坏。不同的领导者面对不同的学校环境、工作和任务的重要程度表现出不同的领导风格，要用一种权变的眼光来看待问题。但领导的方式和艺术也直接影响着领导的有效性，所以校长也应十分注意领导艺术的运用。一个成熟的领导者能自然、贴切地将有效的方式融于自己的各项工作中。

那么校长如何实现学校决策的科学化呢？校长管理学校时存在各种各样的决策——个人决策、群体决策、民主决策和参与决策。校长采取哪一种决策方式，要根据问题的性质来选择。问题的重要性是校长决定如何对待问题，在组织的哪个层面上处理问题的重要依据。无论采取哪种决策方式，按照一定的逻辑方式进行有助于校长实现决策的科学化。会议是校长实现群体决策、民主决策和参与决策的一种有效方式。因此，校长在组织决策性讨论会时，必须充分注意以下四点：首先，在会议之前要作好充分的准备，必要的时候作好调查研究，征询各方面的意见，并做好会前的文案工作；其次，校长作为会议的主持者，要能营造好会议的气氛；再次，校长要积极引导与会者紧紧围绕会议主题充分发表意见；最后，能否对会议作出总结、归纳并最终形成决议，校长起着至关重要的作用。

16. 人治好还是法治好

案 例

都说新官上任三把火，一点儿也不假，H 中学新上任的王校长就在学校点了好多把火。这位新校长原是县一中的副校长，到 H 中学任校长，是县委书记点的将。上任第二天，王校长就树理想、增自信、多积善、养良习等作了热情洋溢的讲话，同时鼓励大家为学校发展献计献策，多写信投校长信箱，多作沟通，表示会虚心听取，及时回复。一连几周，校长很少在办公室待着，足迹遍布校园的各个角落。他听教师谈看法，嘘寒问暖；找学生听心声，慈善关爱；校道上捡垃圾，草坪上修树枝，赢得了师生的一片赞叹。他言出必行，每天回复学生来信，让学生深受感动，深受学生爱戴。之后，王校长指示校团委发出"弯腰工程"的倡议书，号召全校学生积极投身"拾起垃圾，养成美德"、"爱我校园，洁我心灵"的活动，有效遏制了学生乱扔垃圾的势头。学校在后来县卫生检查评比中被授予"卫生标兵单位"。

但是王校长发现，虽然现在自己在学校的威望很高，但明显占用自己太多时间与精力，不利于学校的长期管理，"铁打的营盘流水的兵"，治理学校应该制定固定的规章制度，这样才能更加长久。于是，王校长开始他的制度治校计划。周一下午是学校教职工的例会。会上，王校长宣布了几项改革：第一，变线性管理为线块结合，由各处室和年级部联合管理，年级部相当于学校的分校。接着任命了各年级部的正副主任。每个年级部四五个正副主任，正主任由处室的正主任或副主任兼任。第二，由于住宿生管理多头又不到位，学校决定增设宿管处，负责宿舍和食堂管理。接着任命了四个正副主任。第三，加强校门管理，防止不法分子混入校园。为此，学生统一穿校服和佩戴校徽，不按要求穿校服和戴校徽的一律不准进校园。各年级做好校服征订工作，每生三套冬服三套夏服。第四，加强思想品德教育，周一由行政干部轮流作国旗下的专题报告，做好学生的品德教育工作。第五，加强考勤管理，行政干部实行上下班签到制度，班主任实行上下午和晚修签到制度。第六，班主任工作是学校管理的关键，班主任工作很辛苦，政策要向班主任倾斜，学校决定增加班主任补贴，每月增20元。第七，加强课堂管理，值日领导加强课上巡视，加大对旷课的处罚力度，旷一节课扣150元，请假包括病假每节课扣40元。

但改革实施起来并不容易，就仅让学生穿校服才能进校门一事，有些"刺儿头"学生始终不穿校服、戴校徽，被保卫处拦住不让进校园之后，反而正合他们的意，干脆到街头逍遥去了；而他们的家长则跑来指责学校不让孩子进校门。另外在对班主任的补贴问题上，班主任们觉得既然校长认识到他们的工作很辛苦，但一个月才补贴20元未免太过寒碜，等于没有一样，于是心里的不屑胜过了感激。渐渐地，新的改革制度虽然勉强继续执行，但是王校长在学生和老师们心中的威望似乎下降了很多，很多工作的开展也不如之前顺畅了。

（案例改编自《新校长上任》，敕培生，http：//www.xiaogushi.com/Article/shuimu/2013043018324.html）

思考题

1. 王校长在改革之前为什么能获得师生的爱戴呢？

2. 为什么进行制度改革之后，王校长对学校的治理反而更艰难了呢？

3. 如果你是王校长，会继续进行制度改革吗？为什么？你打算怎么操作？

4. 你认为在治理学校时应该如何平衡校长的人格魅力和学校的制度？

5. 你更支持"铁打的营盘流水的兵"还是"一个好校长就是一所好学校"？

案例分析

校长的人格魅力所形成的领导力是实现学校教育创新的基本要素。领导与魅力的结合有两种形式，即领导魅力和魅力领导。所谓领导魅力是领导者在领导实践过程中通过个人的仪表、风度、情感、人格、能力等因素形成的对被领导者的吸引力和凝聚力。而魅力领导即魅力型领导，是一种依靠领导魅力开展领导活动的行为方式，是个人魅力与领导行为的结合。许多校长在学校管理工作中都会体现出一种人格魅力，但魅力型校长更多地存在于具有变革力和创新精神的优质学校中。

"魅力"一词原意为"天赋"。早在20世纪20年代，马克斯·韦伯在研究组织的领导类型时就提出了"魅力影响力"的概念，他将"魅力"描述为"那些领导者展示了一项卓越的使命或行为过程，它们自身不能对潜在的追随者产生影响，但是正因为追随者认为他们的领导者具有特殊的天赋，所以该项使命或行为才能够得以进行"。因此，魅力型领导方式体现为一个过程，它是"原有的社会进程、规范和法律规则被加以改变的过程"。魅力型领导是变革者、创造者，而不是维持者。

显然，初到 H 中学的王校长正是因为他的领导魅力而获得了师生的爱戴。他主动走到老师中间去，嘘寒问暖；耐心回复学生们的书信，慈善关爱；更是以身作则地在校园里捡起垃圾，修剪树枝。他的这些行动都向学校师生展现了他的美好品格，从而形成了吸引力与凝聚力，受到师生的爱戴。

但魅力型校长的行为特质也使得他们的工作面临着问题与挑战。首先，从产生机制看，魅力型校长不具有持久性。在学校发展建设的过程中，校长的信仰、价值观转化成全体教师的精神规范，校长的人格植根于学校文化，魅力型校长随之产生。而随着学校进入平稳发展阶段，则需要多元化领导方式的合作与互补。这时，如果魅力型校长还不想放弃领导权，不能让不同风格的领导得到成长与锻炼，将会阻碍学校的进一步发展。其次，从运行过程看，魅力型校长不具有系统性。魅力型校长的形成依赖于魅力影响面的均衡和魅力影响链的延续。所谓校长的魅力影响链就是学校把校长的领导魅力传递给教师并形成影响人员的组织方式。所谓校长的魅力影响面是指校长的领导魅力在学校各部门、上级教育领导机构乃至社会中的影响范围。校长魅力就是凭借这两者的相互作用来传播的。其中，魅力型校长的助手和继任学校领导在校长魅力的运行机制中发挥着重要作用，他们决定着校长魅力的扩散与传递。然而，校长魅力的释放，往往以自我为中心，这可能会抑制下一代学校领导者的成长，从而造成魅力影响面的倾斜和魅力影响链的断裂。最后，从影响范围看，魅力型校长不具有继任性。魅力型校长一旦形成，学校教师们便已习惯于这种领导方式。因此，教师们总是希望未来的继任者如现在的校长一样有魅力，但魅力的影响来源校长的先天和特殊因素，这样的参照使得老师们难以适应新的领导方式。一旦校长离开，学校发展在一定阶段内可能会陷入领导的"真空"状态。

正因为如此，王校长才意识到"铁打的营盘流水的兵"的重要性，于是开始尝试摆脱魅力型领导的设定，向制度建设的管理方式转换。然而学校制定规章制度时，应注意遵守法律、以人为本、结合实际且提高效率等问题。

首先，学校的规章制度必须遵守相关的法律法规，维护师生与家长的合法权益。如今依法管理的观念已经被越来越多的公众认可并接受，许多教师、家长、学生也擅长通过法律武器来维护自身的权益，因此学校的规章制度，尤其是对教职工、学生具有限制性影响的制度，必须有法律、法规或规章的授权，而不是学校领导说定就定。

其次，学校制定规章制度，还应做到以人为本。规章制度根本上是要促进人们在行动上能够更加合乎高标准，帮助组织中每个人取得更好的绩效，因此也应以人为出发点，从人的需要和发展角度考虑，更多注入权益保障因素和深切的人文关怀。要做到以人为本，一方面，要使规章制度合乎情理，即有正当目的，符合客观规律，公平、明确、公正，没有偏私。另一方面，要做到参与和民主原则，应让更多教师、学生参与到与自己有关的规章制度的制定过程中，广泛听取各方面的意见，尤其是注意听取不同的意见和反对意见，使规章制度充分照顾和反映不同群体的利益和愿望，也就能得到大多数人的支持和理解，而不是仅凭校长或者少数学校领导匆忙出台，却在执行时遇到重重困难。

最后，学校规章制度的制定还应结合实际问题并致力于提高解决问题的效率。学校制定规章制度应当注重解决现实中存在的实际问题，使规章制度更具必要性、针对性和操作性。规章制度所涉及的行为特征要清晰明确，标准要易于判断，利于实施操作。同时要有明确的处理程序，并将程序公开，杜绝拖沓、推诿、扯皮等低效现象。

案例中王校长在进行制度改革时，最大的错误是忽略了人本原则，没有让教师与学生参与到制度的制定过程中，一方面使制度具有许多不完善之处，另一方面也使师生出现了抗拒心理和行为，阻碍了制度的顺利执行。实际上，在依靠规章制度来治理学校时注意人本原则，也是将人治与法治相结合的表现。作为曾经依靠魅力领导获得师生爱戴的校长，王校长决心要依靠制度建设来使学校获得长久的发展，这是十分正确的远见。只是在操作过程中没必要一刀切，为了体现法治，而完全抛弃了人治，而应该适当地平衡人治与法治，让两者相互协调，相得益彰。当然，这样的平衡艺术是一项不小的挑战，需要在理论学习与实践锻炼中慢慢修炼。

17. 校长的越级指挥

案 例

某高中有一名校长，负责学校全面工作；两名副校长，分别主管教学和后勤工作。副校长之下又有若干名主任协助其开展工作，其中教学副校长之下设有政教主任、教务主任，后勤副校长之下设有总务主任。近日，校长在参加了市教育局德育工作会议之后，根据会议精神，打算在学校成立"学校、家庭、社会"教育委员会。经校行政会研究，一致同意校长的设想。会后，校长通知政教主任，要他提供一份参加筹备会议的人员名单。政教主任拟出名单以后，前去征求教学副校长的意见。他对副校长说："这是校长要求我提供的，您看行不行？"教学副校长听后心里不禁犯起嘀咕，心想：校长为什么不先找我？不过他并没有说什么，而是接过名单看，并提了些修改意见。主任按教学副校长的意见作了修改后交给了校长。之后不久，校长想了解一下学生违法犯罪和学校对个别学生"三级管理"的情况，请政教主任向其汇报工作。政教主任也有些为难，不过仍然先写了一份情况汇报，然后去找教学副校长询问意见，依然说是校长吩咐做的。教学副校长照样提了些修改、补充意见，由政教主任修改后交给校长。此时教学副校长心里的疑问有增无减，终于鼓足勇气找校长谈话。

下面是他们的对话：

副校长：咱们学校领导之间的关系，我认为应该是直线关系，目前形成的三角关系不利于工作。

校长：从领导层面上说，应该是直线关系，但从工作联系上说，不是直线联系，也不是单线联系。我认为三角关系是有利于工作的正常联系方式。

副校长：现在有些工作您直接找主任，他又拿不定主意，反过来找我，我又不知道您的意图，跟他讲的难免和您的想法不一致，让主任也为难。

校长：学校管理决策在校长，这要求校长必须各项工作都做到位。主管副校长主要责任是组织实施校长的决策。在这过程中，校长能否过问？下一步我还要越过政教主任去找年级组长、班主任，这些是否都要单线进行？

副校长一时也说不清这个道理，只是觉得别扭，不利于协调工作。但面对校长的"高论"，也说不出别的道理，只好解释说："我并不想抓权，其实直线领导更加重了我的负担。"他走出校长办公室，心里总感觉堵得慌。

（刘爱敏）

思考题

1. 如果你是案例中的教学副校长，你会如何处理政教主任的咨询，如何与校长沟通？
2. 请站在局外人的角度评价校长、副校长和政教主任的做法。
3. 你觉得工作联系和日常生活中的人际联系一样吗？应如何划清界限？
4. 你认为三角联系和直线联系哪个更有利于工作？
5. 你觉得案例中这一现象的深层次原因是什么呢？

案例分析

案例中存在的主要问题是校长与教学副校长之间的矛盾，即校长没有按照组织结构设计的管理层次来进行管理，而是错误地把工作联系混同于日常生活中的人际联系。实际上，这两者有着明确的不同。前者遵循自上而下的金字塔等级模式，层层分工明确；后者则较为随意，没有严格规定。在工作中如果不明确职责分工，就会造成混乱的局面，而且使原本和睦的人际关系遭到破坏。作为校长，不能使组织拥有强大的凝聚力，也就不能有效地领导众多教职员工朝向同一个目标努力。

该案例涉及组织结构设计的问题。所谓组织结构，就是组织中正式确定的使工作任务得以分解、组合和协调的框架体系。组织结构设计对于一个组织来说是至关重要的。因为它明确了需要完成的工作是什么，并且将工作合理划分，以避免重复、浪费、冲突和资源的滥用；它规定了工作的合理流程，建立了沟通渠道，提供了协调机制，使各项工作专注于完成目标，并且强化了计划和控制。案例中存在的最大问题就是该校的组织结构设计不够明晰，且现有的设计方案也没有得到很好的贯彻执行。究其根本原因，是校长缺乏组织结构设计方面以及管理权限划分方面的理论知识，从而导致管理混乱。

无论是在企业里还是在学校中，任何一个领导者都不可能做到事事亲力亲为，而是要遵循清晰的职、责、权层次，根据一定的原则将任务逐级布置下去，由下属完成。只有在特殊情况下（如下级拒绝指挥时，下级确实没有能力完成任务时，有紧急情况时），才允许越级指挥，否则日常管理工作都应该按照事先设计的组织结构进行，只有这样才能发挥管理的最大效率。如果领导无论大小事情都直接过问，则会分散个人精力，导致管理不力，最终会妨碍组织的发展。具体到学校工作中，校长应负责的是学校整体发展规划和一些大政方针的制定，所制定的决策是方向性的而非细节性的。在制定了大的方案之后应当适当放权，由下属去完成相应的工作。比如，案例中学校打算成立教育委员会一事，校长决定之后就该交由其直属下级——教学副校长安排处理，教学副校长将决策细化之后再将实质性工作交由政教主任办理。这样才符合管理的层级指挥原则。如果校长没有按照此原则进行管理，而是越级授权管理，那么，一是容易引起中间管理人员的不满，认为自己被架空，没有得到应有的重视；二是容易使越级对象处于尴尬境地，不知到底该听从谁的指挥。这两点都不利于学校管理工作的顺利开展。

另外，案例中的校长在处理学校中不同层次的人际关系方面，能力也比较欠缺。在学校领导班子里，校长是法定代表人，对外代表学校，对内全面主持工作。校长的职能和责任是：制定学校发展规划，加强机构建设，实行科学管理，编制规章制度，领导教育改革。主要负有政治责任、法律责任和工作责任。除了一个正职校长以外，还有几位副校长。副校长在领导班子里占据重要位置，是校长的助手和参谋。他们既是领导者，又是执行者；既能制人，又受制于人。副校长的职能主要是使用好分管权，一方面要参与工作决策当好参谋，另一方面要完成好其管辖范围内的工作。正副校长的组合构成了学校行政领导班子的核心。由于每个人的经历、知识、能力、品德存在差异，具体工作所处的环境和主客观条件不同，为搞好工作，正副校长之间需要不断在认识上和做法上进行沟通、整合。将这种关系协调好对于领导班子的团结和稳定、提高领导集体的战斗力来说是十分重要的，必须认真对待，努力抓好。处理好正副职之间的关系需要抓好以下三个方面：

第一，加深了解，增进互信。正副职之间，只有建立起亲密无间的关系，才会心往一处想，劲往一处使，而不至于各吹各的号，造成步调不统一，进而影响工作效率甚至目标的实现。正职要处理好与副职的关系，首先，要通过工作交往观察了解副职的思想、品德、性格、知识、能力和家庭等各方面情况。其次，要经常与副职交流思想。正职对当前工作有什么新想法，下一步准备干什么，在下面听到什么反馈意见等等，一般都应与副职沟通。这样有利于增进彼此的信任，消除戒心，共同搞好工作。

第二，敢于放权，又不失控。正职要放给副职两个方面的权力：一是协助正职考虑全面工作的权力；二是分管工作的权力。正职要使副职有职有责，有权有威，对分管的工作能说了算，让副职感到手中的权力不是虚空的，位子不是多余的。有些正职习惯于大权独揽，不放心放权，总想把大小权力集于一身，不管大事小事，都要自己说了算。这样做常常使自己忙得不亦乐乎，却使副职处于欲干不能、欲罢不忍的境地，有劲使不上。正职放权，就是要尊重副职的分管工作权，不过多插手干预，使其能独当一面干好工作。不过，放权也不是完全撒手不管，只是要做到放而不乱，管而不死。既放手，又不失控，不能限制副职发挥积极性。

第三，一视同仁，互相学习。正职对于副职之间的矛盾，要敢于正视，分清是非，秉公处理。对于副职工作评价要客观公正，赏罚分明，不搞亲疏有别。在具体工作中每个副职碰到困难时都应给予鼓励支持；遇到紧急情况，对重要问题的处理来不及报告时要谅解。对副职作出的决定、处理的工作，只要不违反原则一般不要轻易否定。在副职做出了成绩的时候要不吝肯定和表扬。正职与副职要优势互补，扬长避短。

我国现在许多学校的校长实际上就相当于一级行政首长，在一定程度上具有"言出法随"的权力。根据权责相一致的道理，很多校长认为自己背负着无限的责任。这也是可以理解的，毕竟学校工作出了问题，需要由校长来承担责任。因此校长要"减负"，要充分利用下属才干，要明确责任，懂得放权。全新的管理理念认为"管理最少的政府是最好的政府"，这句话运用到学校工作中也同样适用——管理最少的校长才是最好的校长。校长作为一名领导者，不可能事必躬亲，必须将权力交给信任的下属，必须敢于放权、懂得授权，学会通过下属来完成工作目标。而且在这一过程中，要考虑到各个下属的分工，不仅增加其责任感，也给予其发挥才能的空间，唯有这样才能使下属有序地分担任务。

18. 学校干部培养的困境

案 例

J学校近几年由于发展迅速，需新增设一些管理岗位，并需要有实力、有能力的教师上任。为此，学校充分利用自身资源开展青年教师"干部体验式"培养的探索，以此来促进青年教师的快速成长。学校规定每年8月份，在职的35周岁以下、工作满三年、遵纪守法、品行端正、积极上进、具有良好职业素养和心理素质且身体健康的青年教师，可个人提出申请，由党组织审核通过后参与培训。

培养的主要策略有以下几种：（1）组织推动策略。培养年轻干部必须建立一整套合理、适度、实用的制度和激励约束机制，并建立组织机构，落实工作责任制，确保青年教师"干部体验式"培养工作的顺利实施。本着党管干部的要求，学校青年教师"干部体验式"培养工作由党支部牵头，全程设计与指导，行政、工会等部门积极配合，齐抓共管。（2）目标引领策略。J校指导青年教师在参加体验式培训前进行自我分析，找出优势与不足，然后确定目标，并在实践中不断修正目标，努力向目标前行。（3）典型带动策略。目标只是对未来工作生活的一种构想，需要用实际行动来实现。在实施的过程中，J校抓重点、树典型，充分挖掘青年教师在体验过程中的亮点，随时加以表扬、肯定，给后来者树立榜样。（4）考核评价策略。"干部体验式"培养要求一周一反馈，一月一报告，一年一总结。校长与青年教师一对一、面对面地交流，帮助他们分析工作状况，给予鼓励与支持，激发其潜能，使青年教师始终保持一种"向上"的态势，不断思考怎样发现问题，怎样解决问题，如何解决问题会更好，从而不断自我完善、自我提高。（5）亲身体验策略。"干部体验式"培养的核心点就是亲身经历，强调"以学为主"而不是"以教为主"，让青年教师在现实环境中通过感悟提高认知，并通过双向循环沟通的方式和头脑风暴等方法，来查找或总结工作中的绩效增长点和能力提高点。

　　干部队伍建设是一项整体工程，需要全方位关注。J校校长始终认为青年是学校的希望，青年兴，则学校兴，所以教师一入职就引入培养机制。但也随之出现了一些问题，比如在选拔培训人员上，"35周岁以下"的年龄限定令一些年龄超过35岁的有潜力的优秀教师被拒之门外，失去了培训提升的机会。还有一些年轻教师因为"一周一反馈，一月一报告，一年一总结"的要求而感到压力很大，平时的教学任务本来就很重，干部培训给他们带来的负担超过了他们申请时的预期。而校长的压力也增加了不少，她需要与参加培训的每位青年教师进行一对一的交谈，占用了大量的时间。

　　（案例改编自《青年教师"干部体验式"培养的探索》，陈娟，https://www.yejs.com.cn/yzzc/article/id/49733.htm）

思考题

1. 该校的干部培养模式有什么可取之处？请列举并具体说明。
2. 就该校目前遇到的困境而言，你认为该如何去解决？
3. 学校干部培养应只培养青年教师还是不该有年龄限制？
4. 干部培养是学校管理和发展的重要部分，在培养干部时应注意些什么？

案例分析

　　我国古代把干部的培养、教育称为"教化"、"养士"。早在春秋末期，孔子讲学在某种意义上就可视为早期的"干部"培养活动。时至战国，"养士"之风盛行，各国统治阶级纷纷网罗人才，养之门下，为其献计献策，实为干部培养与任用的策略。还有许多有志之士游说各国，参与各类政治、军事、外交活动，在实践中锻炼能力，"朝为布衣，夕为卿相"，也是干部的自我培养过程。自汉代以后，历代封建统治者都独尊儒学，立教化，设立国学及州县学，广泛对政府官员进行"修身、齐家、治国、平天下"的教育。《汉书·李寻传》记载："马不伏枥，不可以趋道；士不素养，不可以重国。"治国执政，必须把培养官吏、教育贤才放在第一位，不对官吏、贤才进行培养提高，就不能担任治理国家的重任。可见对干部的选用与培训自古就受到重视。

党的十八大报告指出要"重视教育、培训、选拔和考核干部，特别是培养、选拔优秀年轻干部"，根据报告的精神，许多学校都将培养中层后备干部工作作为学校尤其是校党支部的重要职责。在进行学校干部培养的过程中，又主要以中青年教师群体为主要培养对象，在优秀教师中选拔政治可靠、业务过关、人品过硬的人才充实干部队伍。

现代学校干部培养的主要方式可以归纳为三种。

1. 党校、培训学校学习。这是我国学校干部培训的主要体系，党校由各级党校、行政学院、干部学院三大系统构成，这三大系统主要在于加强学校干部的党性教育、增强执政意识。培训学校则主要以高校为主体，一般由专门研究学校管理的教授专家进行授课，对不同层面、不同阶段的学校领导干部进行培训，往往结合典型案例、课题开展进行培训，致力于加强学校领导干部们的专业素养、提高管理水平、开阔眼界和增强管理本领。这类培训需要一段比较集中的时间进行，长的可达数月之久，短期的也要三五天，也有分成多段不同时期进行的，因此此类培训的时间成本与金钱成本都相对比较高，学校一般要通过选拔，让具有较大潜力的教师或学校干部接受此类培训。

2. 挂职锻炼与轮岗交流。挂职锻炼是指机关部门或学校根据培养锻炼干部的需要，有计划地选派干部在一定时间内到上级、下级或其他地区担任一定职务，经受锻炼，丰富经验，增长才干。挂职锻炼的时间一般是一至两年。干部挂职丰富了干部人事制度，体现了干部任用的多元化，是对干部人事制度改革的一个突破。轮岗交流是指干部职工在一定政策规定范围内，分期分批地离开原来的工作岗位，到新的工作岗位去，是实施以人为本的发展战略所采取的一项举措。开展轮岗制度，是从关心爱护和培养锻炼干部的目的出发，让更多的干部在改革大潮中，经风雨、见世面、长才干，将来担起历史重任。这种培养模式主要是针对基层和中层干部，需要干部们结合自身的管理经验，"在培养中使用，在使用中培养"。此类培养方式可以让干部们在不同的实际岗位上积累大量的管理经验，并通过实践收集管理中值得思考的问题，从而获得管理能力的提升。

3. 学校校本培训。这是最常用也是受众最广的培养模式，主要是学校通过邀请专家、学者、校内外校级干部和资深中层管理者开设专题管理讲座，举办中层干部案例剖析实务培训等，对学校有潜力的教师和中层干部进行培训。此类培训模式简单、灵活且成本低，是学校干部培养的主要方式；但同时也具有局限性，比如培训的内容与质量得不到保证，培训往往具有随机性，没有完善的系统性和科学的规划。鉴于这些缺点，参与培训的教师与学校干部也往往提不起兴趣，不能全身心地投入到学习培训中，效果也自然不够好。

企业管理中有一种根据执行力和胜任力选拔培养中层管理者的培养模型，其核心思想是根据企业的战略需求和发展愿景，考核、选拔并培训职工，使其能够满足企业的需求，胜任企业的管理岗位。

J校根据学校发展产生的新管理岗位，针对性地在青年教师群体中开展干部培训，制定了比较详细的培养规划，包括申请者的申请条件、培训内容、考核评价等，并且采用了多种策略来保障培训的顺利开展。但鉴于该校的培养模式属于学校校本培训，因此具有局限性。例如参加培训的青年教师抱怨考核评价中的反馈总结太频繁，给他们带来了很大的压力。这一方面说明给教师们增加培训任务时要综合考虑他们的教学任务量，以免给教师们带来过大压力；另一方面也说明该校的培训内容不够有吸引力，使培训对象出现懈怠、疲于应付的现象。设想若是该校的培训内容是经过系统的、科学的规划设计，并结合培训对象的实际情况有针对性地呈现的，参与者们在这些培训中能切实地收获技能、提升能力，那么即使多花一些时间，想必他们也不会有怨言的。

因此，要解决J校目前遇到的困境，根本上是要提高培训内容的质量，在设计培训内容时，要将理论与实践培训相结合，突出岗位锻炼，采用"在培养中使用，在使用中培养"的开放性培养模式，尝试结合多种培训形式，不只局限于讲座、会议、报告等，从而提高培训的吸引力，激发参与者的热情。另一方面，可以建立个人跟踪档案，包括培训登记表、培训方案、考核考察、培训出席情况记录、学习体会等，使得整个培训过程具有系统规划，让参与者感受到培训的正规性，从而认真对待起来。而谈话制度上，形式可以多样，不局限于校长与青年教师谈，学校的其他干部都可以与他们交谈，一方面可以减轻校长个人的压力，另一方面也可以让青年教师在谈话时不会过于拘束。另外，可以根据考核与谈话情况修订培训内容，以使培训更具有针对性。

19. 对语文组组长的惩罚

案 例

某校语文教师刘老师，35岁左右，教学能力非常强，校长非常欣赏她，提拔她为学校语文组组长。在新一轮的课程改革中，刘老师所带的班级为市实验样本班。由于自己是学校语文组组长，再加上所带班是样本班，所以刘老师工作非常努力，教学成绩非常突出。但在一次期中抽测中，她所带的班级没有取得理想成绩，这使她非常着急。于是，她私下把本班的语文成绩作了修改。在作试卷分析时，同组的老师把刘老师私自修改考试成绩的事告发了。校长私下里和刘老师交换了意见，也表示了对刘老师的理解。针对此事，学校作出决定，在学期末扣发刘老师的一部分奖金作为惩罚，但没有对她进行公开批评。在新的一学期里，刘老师更加小心翼翼，对待教学更加一丝不苟，然而由于她的心情过于急切，以致她在处理本班学生的问题时，与家长发生了争执。这件事在学校闹得沸沸扬扬，刘老师的心情沮丧到了极点。学期考评时，刘老师为了让自己班级的成绩位列年级第一，再次私自修改了个别学生的分数……学校仍没有公开批评，只是在学期末给刘老师降了一级岗位工资。经过这两次事情，刘老师作为学校语文组组长的威信降到了最低，语文组的工作很难继续开展。新的学年即将到来，学校领导班子的其他成员一直建议校长找刘老师好好谈谈。校长采纳了建议，决定找刘老师谈话，但校长工作繁忙，在开学前没有找刘老师谈话，只是在开学初的全体教职工大会上宣布聘请同组的王老师为学校语文组组长。会后一周，校长找到刘老师，在全体行政班子会上对其进行批评教育，并要求刘老师协助王老师把学校语文教研组的工作做好。

（倪彦鹏）

思考题

1. 刘老师为什么不断私自修改学生成绩？试分析她的动机。
2. 你认为校长在处理刘老师修改成绩一事上所采取的做法是否合理？为什么？如果你是校长，你将如何处理？
3. 为什么校长对刘老师的处罚没有起到应有的作用？
4. 校长在免去刘老师学校语文组组长职务时所采取的做法合适吗？
5. 请运用学校管理方法的理论，分析校长在教师管理方法方面应注意什么。

案例分析

调动教职工的工作积极性是学校领导工作的一项经常性任务。一个优秀的学校领导者一定要懂得教职工的工作积极性从何而来，并且要善于使用各种手段处理好教职工的心理挫折，以调动他们工作的主动性和创造性。能否做到这一点，是衡量领导者水平的一个重要尺度。

在讨论案例之前，我们首先要了解什么是动机和需要。动机是个体希望通过努力而实现组织目标的愿望，其前提条件是这种努力能够满足个体的某些需要。需要是指一种内部状态，它使人感到某种结果具有吸引力。当需要未被满足时就会产生紧张感，进而激发个体的内驱力。这种内驱力会导致个体寻求特定目标的行为。需要是激发人们积极性的原动力，但当它没有目标指向时，也只是潜在的动力，只有当需要转化为动机时，即成为直接引起、推动和维持人的活动以实现一定目标的动因时，才是现实的动力。

依据动机理论可以解释分析校长对刘老师的经济惩罚为什么没能阻止她的错误行为。美国心理学家赫茨伯格提出了激励—保健理论，指出内部因素与工作满意和动机有关，外部因素与工作不满意有关。赫茨伯格将导致对工作不满意的外部因素称为保健因素。保健因素的改善可以预防或消除职工的不满，但不能直接起到激励作用。要想真正激励员工努力工作，必须注重激励因素，只有这些内部因素才会增加员工的工作满意度。教育管理心理学也认为，教师的个体动机可以分为两种类型。一类是直接工作动机，这类动机与工作对象的意义、性质、内容、过程和成果有关。人们在参与工作的过程中获得某种满意的感受，从而满足相关需要并产生工作积极性。这类动机除了对工作贡献、责任、义务的理解外，主要还是把工作当作表现智力和满足兴趣、爱好的机会。另一类是间接工作动机，它指向工作以外的需要。这类动机包含获得物质和精神奖励，如工资、奖金、表扬、荣誉称号、职务和职称的晋升等。一些管理学家认为，这两类不同的动机在调动人们积极性上的作用是不同的。指向工作意义、内容的直接工作动机能激发人们工作的主动性和创造性，但还要看它的强度如何。要判断间接工作动机能否激发人们的积极性，就要看个体对它们的需要程度以及它们在一个什么样的管理结构中发挥作用。

在案例中，被提拔为学校语文组组长的刘老师在工作方面受到了很强的激励。这种激励使刘老师处于一种紧张状态。为了缓解紧张，她必须努力工作，取得成绩，但是，这种努力并没有使她获得期望的工作成绩。目标未实现，需要没有得到满足，导致了她心理挫折的产生。面对这种挫折，她采取了一种极端手段——为了使她所带班级的语文成绩名列第一，她修改了学生的成绩。可以看出，刘老师的需要和激励来自工作本身是否能够带给她满足感和成就感，激发其行为动机的是内在激励因素。校长虽然采取了扣发刘老师奖金的措施对其进行处罚，但是并没有起到作用，刘老师还是继续她的错误行为。这是因为，奖金和工资对刘老师而言是一种保健因素，真正对其动机起推动作用的是激励因素，即工作本身的成就。校长没有分析刘老师的真正需要以及由此而产生的动机行为，只是采用惩罚性的经济手段试图刺激刘老师的行为动机，因此没有收到预期的效果。经济手段并不能解决工作中的一切问题，学校领导运用这种方法时要与其他方法配合起来，并且要分析教师个体的需要和动机，以便采用正确的方法解决问题并调动教师的积极性。

该案例我们要讨论的另一核心问题，是校长应该如何处理刘老师的问题。惩罚也是一种激励，要使激励方法取得成功，就必须掌握人们的行为规律，进而影响和指导人们的行为，让人们做你想要做的事。这就是管理的艺术。在案例中，刘老师之所以采取极端措施，从根本上看是由其动机决定的。刘老师具有强烈的成就需要，但是在实际工作中却一再遭遇冲突和挫折。面对挫折和冲突，心理素质不同的教职工会作出不同反应。有人可能面对现实，积极想办法去解决；有人则可能会产生摆脱挫折困扰的心理防卫机制以消除和减轻焦虑状态。这些心理防卫机制有：合理化、改变目标、暂时转移注意中心、压抑、投射、文饰、逃避和自居。刘老师采取了消极措施面对工作所带来的挫折压力，此时，学校领导者应该积极帮助教职工消除遭受挫折后的不良表现。校长可以从以下几个方面着手：

第一，要正确认识和理解教师的挫折及表现。教师遭受挫折后的不良表现与正常状态下的表现有很大不同，遭受挫折后教师的表现往往带有情绪性，甚至会采取一些消极措施。这时领导需要对其进行帮助和引导，而不能疏远或打击，要豁达大度，满腔热情地给予帮助，营造解决问题的气氛。

第二，创造条件让受挫者将情绪释放出来。校长可以通过私下交谈的方式让教师诉说自己的不满。

第三，针对受挫原因，想办法改善受挫者的处境，尽可能消除那些引起挫折和冲突的因素。

在案例中，校长最终免去了刘老师学校语文组组长的职务。这不但没有解决问题，反而会使刘老师遭受到更加强烈的挫折感，对学校工作十分不利。因此，在学校教师管理中，校长要掌握教师行为的规律，进而影响和指导教师的行为。要从人的动机理论出发，运用正确的工作方法，采取有针对性的管理措施，注意与科学管理方法的配合，把说服教育与行政措施、精神激励与物质激励结合起来，处理好教职工的挫折问题，调动教师的积极性，从而提高学校工作的效率和质量。

第三辑

人事管理

20. 林老师能否被评为优秀教师

案例

林老师大学毕业后一直在某中学任英语教师。二十多年来，她工作认真负责，关心热爱学生，常常带病上课，经常放弃休息时间为学生开展英语课外活动，师生关系极好。她学有所长，熟悉各年级的英语教材；她教学有方，凡是她教的学生，无论成绩好的还是成绩差的，都会在原有基础上前进一大步。在任教期间，她承担过不少全市性或全区性的英语观摩教学课，在校内外有较大的影响。学生喜欢她，家长也赞扬她。

可是，林老师和校内同行之间的关系却不甚理想。平时，她很少和教研组中其他教师交往，业务工作上也很少和他人磋商。她遵循着自己的教学信条：教师必须对学生高度负责，出色地完成工作任务，而教学的好坏靠的是自己的本事，主要靠个人钻研。因此，有人说她自命清高，孤芳自赏；有人认为她骄傲自大，目中无人；也有人议论她孤僻冷漠。对于这些议论，林老师认为是文人相轻的表现，自己无求于人，各人教各人的学生，对此可以"不屑一顾"。虽然淡漠的人际关系使得她心情不舒畅，可是也并不影响工作。

学校领导也认为，她在关心集体、和他人交流方面确有不足。领导找她谈过话，还让她担任年级备课组长等，可是林老师与同事的关系改善甚微，特别是组内一些业务水平较高的教师，对她有不小的看法。因此，每逢评先进时，林老师总得不到提名。甚至有一次调整工资时，对她能否晋升二级也存有非议。

目前，一年一度的评先进工作即将来临，校领导又在考虑这个一直没有解决的老问题。校长和教导主任分别听取了其他教师对林老师的评价意见，归纳出三种处理方案：（1）林老师教学成绩优异，工作态度好，师生关系好，可以评为教师标兵。这样可以更好地调动林老师的积极性，对她提出更高的要求，同时鼓励她克服弱点。（2）林老师的工作固然是好的，但群众关系不好，这说明她思想觉悟不高。优秀教师是先进人物，应能带动群众进步，故不宜评为先进。（3）不评林老师为先进教师，但在工作上仍应重用她，信任她。

最后的结论是：林老师的现状是长期形成的，对她的要求不能过高。从实际出发，最好还是维持现状，避免教师之间产生矛盾。校领导又准备把这个"老大难"问题搁置了。

（邱光）

思考题

1. 如果你是校长，你同意评选林老师为优秀教师吗？
2. 如果你是林老师的同事，你同意评选她为优秀教师吗？
3. 对教师进行考核应参照哪些标准？
4. 作为校长，应该如何与林老师进行沟通，从而从根本上解决这一问题？
5. 在日后的教师管理工作中，校长应注意哪些问题？

案例分析

长期以来，我们对教师考查和评优往往只重"品质"、"资历"，而忽视"功能"（即工作的实际程度、效果和绩效），而前者又更多地看重教师的人际关系。因此，像林老师这样一位工作卓有成效的老教师，仅因不善于人际交往，就上不了"光荣榜"。显然，这样的评价、选优是很片面的。一个教师的品质与其功能是辩证统一的。品质是功能作用发挥的保证，功能作用发挥和取得的效果又处处体现着品质的价值。要真正做好评优工作，首先要改变观念，坚持品质与功能相结合，以功能为主的评优标准。

根据《教师法》的规定，教师考核内容包括政治思想、业务水平、工作态度和工作实绩四个方面，这是教师考核内容的国家标准。从这一点来说，学校在各项评奖评优的活动中，应该充分遵守教师考核的四项内容，不可重此轻彼，在制定评价方案时要考虑周全，避免制定出带有特定导向性的评优方案。

标准具有心理导向作用，制定什么标准，教职工就会向什么样的方向努力。如果像案例中那样，总是考虑与"某几位"的关系，那实际上就是在教职工的心目中树立一种轻"工作贡献"、重"关系"的标准，势必会引导一部分成熟度不高的教师放弃其他方面的追求，而一味地追求所谓"关系"。我们认为，学校内的教师综合评估需要同时承担两种功能：一方面，它要能准确衡量教师的工作努力程度、专业水平、工作质量等，给教师一个恰如其分的评价。另一方面，它也必须具有一定的激励功能，能够有效地激发教师进一步发展的意愿，并为教师发展提供支持。这两个方面缺一不可，只有同时满足这两个方面的教师评估方案才是良好的有效的方案。当前的教师评估体现了一种比较明显的人事管理取向——将考核结果与奖惩及职称晋升挂钩。因此，教师评估往往是学校组织的行政行为。对于教师而言，评估的标准、结果都是外部强加的。这样一种评估很难起到促进教师专业发展的作用。

对先进人物"求全责备"是现实中的一种社会心理倾向。林老师是一位职业成熟度较高的教师，表现在工作动机上，把"对学生高度负责"、"出色完成教育任务"作为动力；表现在积极性上，"一贯关心热爱学生，常常带病上课"，尽管听到别人对自己的"非议"，评不上优秀教师，"心里不舒畅"，但仍始终如一地搞好教学工作；表现在业务能力上，"学有所长"，"教学有方"，"师生关系极好"，学生"都会在原有基础上前进一大步"。从学校教育目标的实现来看，她的长处是难能可贵的，值得充分肯定。

对教师个人的缺点，尤其是那些因个性带来的特性，学校应当营造心理相容的氛围。案例中林老师被认为孤僻、"自负"，一时克服不了，又不影响大局，就应当有相容的胸襟，热情的关怀。如果动不动就说是"思想觉悟不高"，很容易导致教职工之间互相排斥，彼此厌恶，人际关系紧张。

那么，对于教师的评价，我们可以从哪些方面进行完善呢？首先，是教师评价的主体，按照评价主体来划分，教师评价的方法主要有教师自评、学生评价、领导考评、同行评价、社会评价等，多主体的参与才能更加多方位地了解教师的工作情况。对于林老师的评价,不能单方面地考虑同事之间的关系,还应该考虑到学生、家长等对其的评价,综合考虑多方的意见才能评选出优秀教师。其次,要用发展的、动态的眼光作评价,评优活动对评上的教师来说,心理意义不仅在于得到精神荣誉,而且会带来一定的精神压力。压力会转化为积极的驱动力,促使一个人发扬优点,克服缺点。像林老师这样成熟度高的教师,一旦被评为先进,会更严格要求自己,加上一些适当的管理措施,不足之处是可能逐渐地"补"起来的。最后,在实际的教师评价工作过程中,应该坚持公正客观、民主评价的原则。我国《教师法》在总结我国的教师考核实践经验的基础上,借鉴国外有益理论与尝试,提出了实施教师考核的两项原则,即公正、客观、准确的原则和充分听取意见的民主性原则。长期以来,教师们对于林老师的评价形成了心理学当中的"晕轮效应",林老师连续多年因为人际关系中的偏见得不到提名,此时校领导应该在评价过程中引导教师坚持原则,用公正、客观的原则进行评价。

像林老师这样的教师如果被评为先进,是否会引起教师之间的矛盾或冲突?管理心理学研究表明,冲突并不全是坏事,有破坏性的冲突,也有建设性的冲突。这样的冲突反映了正确标准和陈旧标准的斗争。它的正确解决,正可促进学校工作的改革和发展,促进教职工队伍的建设。这样的冲突属于建设性的冲突,学校领导应旗帜鲜明地去引导。

当然,人际交往能力是教师应该具备的一项素质,林老师在这方面的欠缺虽然没有影响到教学工作的开展,但是作为校长也可以从关怀下属的角度出发,对其进行适当的引导,帮助她提高综合素质。除了私下沟通交流,校长还可以组织举办一些活动,比如,让林老师作一场报告,向其他老师介绍自己的教学经验。会上老师们的提问和林老师的回答可以帮助其建立良好的人际关系。而且在评优活动中,校长应向持有异议的人讲明道理,鼓励大家向林老师学习教学方法和工作态度,以帮助老师之间营造和谐氛围。

其实,评选先进活动的最终决定权在校长,林老师能否评优之所以成了"老大难"问题,除了观念陈旧外,校长缺乏果断的魄力也是一个重要原因。如果校长因为存在非议就不敢大刀阔斧地实践自己认为正确的观念,那么最终将难以很好地开展学校各项工作,因为很少有事情是可以使全部员工满意的。

21. 名师工作室能培养名师吗

案 例

从20世纪90年代开始，专业学习共同体在美英等西方发达国家悄然兴起，成为知识经济时代背景下一种新的学校发展模式。名师是社会公共资源，为实现名师的社会效益最大化，加快构筑区域教育人才高地，近年来国内一些地方相继成立了不同层次和不同类别的名师工作室。名师工作室作为一种专业学习共同体，将成为我国促进教师专业发展的新模式和提升骨干教师课程领导力的新途径。

2014年8月，鄂北一所城市小学里，以罗校长为首席名师的市级名师工作室挂牌成立。工作室成立后，通过自荐、考察等方式，吸引了该区六七所中小学的名师及该校的骨干教师共15人。这一名师工作室定位于小学语文的教学与研究，旨在通过工作室成员的研修与学习，有计划、有组织、分层次、分阶段地在全区教师中开展多种形式的学习研讨、实践探索、主题研究等教学教研活动，提升工作室全体成员及区域教师的教育教学理论水平，促进全区教学业务水平和教育教学研究能力的提高。工作室成立之初，就形成了包括项目总负责人、助手、研究人员、档案资料管理员、网络管理员、常务工作管理员和财务管理员在内的具有明确分工的组织架构。工作室成立两年多来，基本坚持每月一次主题活动，包括教学研讨、读书沙龙、课题研究、送教下乡等活动，开展得有声有色。

但是随着名师工作室工作的推进，一系列问题也接踵而至。2016年12月，一项教师教学效能感的调查结果在工作室内掀起了轩然大波，调查结果显示，参加名师工作室的教师的教学效能感竟然低于未参加名师工作室的教师。名师工作室能培养名师吗？名师工作室对教师专业发展到底有没有积极的影响？

原来，本校的教师在工作室内大都承担了资料管理、网络管理、财务管理等组织工作，他们的组织和管理能力得到了很大提升，但也分散了不少精力。随着国家对教师专业发展的重视，国家级、省市级、地区级的教师培训名目繁多，十分频繁，教师们在承担正常的教育教学工作之余参加各级各类的培训往往应接不暇，再加上名师工作室作为一个非正式组织，老师们参加工作室的活动往往靠自觉和热情，目前，工作室的成员大都担任学校的行政工作，很多还是各个学校的中层干部，年龄偏大，日常的工作本身就很繁忙，再利用休息时间参加培训就成了一种负担。这样一来，名师工作室的培训质量可想而知。而且，工作室成员对于培训内容的需求调查结果显示，老师们都希望参加一些操作性强的培训，例如近几年流行的微格教学，同时，还希望能够走出去多与全国的名师交流；理论性的培训则不太受欢迎。要举办一些实用性的培训，还需要聘请各方面的专家、占用硬件设备齐全的场地，这一系列问题又需要经费、资源的支持，如何在不违反上级规定的情况下办好每一次活动？如何为老师们带来他们所需的研修内容？这些都成了困扰罗校长的问题。

（罗海英）

思考题

1. 你认为"名师工作室"是教师培训的有效形式吗？
2. 如果你是罗校长，你将如何设计名师工作室的主题活动？
3. 这所学校里的教师为什么参加了名师工作室，其教学效能感反而低于没参加的教师呢？
4. 你认为罗校长应该如何合理安排教师以提高组织效率？
5. 请你使用学习共同体的相关理论分析名师工作室的组织机构。

案例分析

继管理学大师、麻省理工学院资深教授彼得·圣吉在其著作《第五项修炼：学习组织的艺术与实践》(*The Fifth Discipline*：*The Art and Practice of the Learning Organization*) 中提出学习型组织的概念之后，在教育理论领域也旋即出现了诸如学习共同体、专业共同体、发展共同体等术语。在教育实践领域，也雨后春笋般地出现了一大批诸如名师工作室、学科基地（中心）等具有上述共同体特征的具体操作形式与载体，全国范围内从省、市、县到校四级，概莫能外。名师工作室既是一种非正式组织，又是促进教师发展的新型研修团队，案例中以某位名师为首席名师，依靠自己的个人魅力和影响力吸引一批教师共同组建一个挂牌名师工作室的形式，是各省在探索新型学习共同体的过程中涌现出来的。但是在名师工作室的运行过程中，存在着名师内涵的界定、名师工作室的工作目标定位、名师工作室的价值取向及功能等一系列现实问题。

案例中罗校长遇到的主要问题，包括名师工作室的实际效果令人存疑、工作室活动的主题难以确定、各类资源的缺乏等导致这一民间团体举步维艰。

名师工作室是教师专业发展的一种载体，是教师在职培训的新形式。1993年颁布实施的《教师法》明确将"参加进修和其他形式的培训"、"不断提高思想政治觉悟和教育、教学业务水平"确立为教师的一项基本权利和义务，同时，该法还将组织和实施教师培训的职责赋予各级人民政府、教育行政部门、学校主管部门和学校。罗校长名师工作室就是在当地教育主管部门的政策扶持和学校培养骨干教师的迫切需求下成立的，目的就在于努力提高自身教学教研水平，认真履行名师职责，同时，充分利用现有信息技术平台，切实发挥名师在教书育人、教育科研、指导培养教师成长的示范、引领和辐射作用，着力培养一批道德品质优良、教学理念先进、业务素养厚实、教研能力扎实的教师，促进区域基础教育的均衡发展，使其成为优秀教师培养的发源地、优秀青年教师的集聚地、未来名师的孵化地。

工作室建设不仅需要名师团队的加入，还需要一定的物质保障、制度保障和资金保障，包括合适的办公场所，配备信息化办公的设备和系统。并且学校应为名师及其助理更好地开展工作实行政策倾斜，包括减少教学和行政管理的工作量，将工作室工作纳入学校的工作量计算当中，以保证名师及其助理有充足的时间开展工作。地方教育行政部门可以制定更详细的实施细则，为名师及其工作室成员的教学与科研提供便利。教育主管部门应为名师工作室提供经费资助，这些经费主要用于名师及其工作室成员的工作补贴、图书资料购置、办公设备购置、网站建设、业务培训和外出参观学习等方面的开支。

教学效能感是指教师对自己影响学生学习行为和学习成绩的能力的直观判断，这种判断会影响教师对学生的期待以及对学生的指导行为，从而影响教师的工作效率。案例中出现教师教学效能感降低的现象能够从一个侧面反映出名师工作室运行过程中的问题，但是无论是教师教学效能感的影响因素还是名师工作室的作用都是十分复杂的，对于这一问题的分析和讨论应该放置在更大范围中辩证地看待，用一种动态的、发展的眼光看待名师工作室的作用。

最后，为了保障名师工作室的效果，定期对其进行考核也是加强质量管理的重要手段。考评的主要内容可以从三方面入手：一是工作室自身的建设和发展水平，二是工作室在培训和指导学员方面作出的贡献，三是工作室在当地教育教学改革中所发挥的示范和引领作用。评价的主体可以由教育部门主管领导、培训专家、教研员、挂靠学校的领导和教师，以及其他兄弟学校的教师代表组成。考核小组应深入工作室和教学现场进行综合性的考评，并给出定性评价和等级评定。名师工作室还可以建立退出机制，对于一段时期内达不到工作室要求的成员可以取消其资格，定期更换成员，以确保名师工作室的质量和效果。

作为教师培训的载体，名师工作室在我国还是一个新兴事物，有很多理论和实践问题还有待探索，但是教师的在职培训却是教师专业发展中亘古不变的话题，进一步探索名师工作室的运行机制、目标定位等还需要在实践中作更多的尝试和总结，以丰富新时代教师培训的方法与途径。

22. "刺儿头"老师

案 例

张老师是某中学的数学老师，课教得非常好，但是40多岁的人了还像一个涉世不深的毛头青年一样，不分场合，不看对象，想说什么就说什么。有的话说过之后其实他自己也很后悔，下决心再也不说类似的话，但之后只要再碰上他认为不对的事，还是脱口而出。有一年加工资，其他条件都合格，就因他平素的口无遮拦，被上级以"目中无人，骄傲自满"排除出了40%的名额。按理说，这沉重的打击该使他有所悔改了吧，可是江山易改，本性难移。用他自己的话说就是"路不平有人铲，大家不管我要管"。因此，大家称他为"抱不平刺儿头"。

在某次例会上，校长表扬了两位教师工作主动负责，主要依据是他们争着用晚自习时间给学生补课。听到这儿，张老师突然站起来，脱口而出："这样的表扬是违背教育方针的。如果把自习时间都占了，学生们哪有时间去完成各科作业？如果作业都要靠赶时间去完成，又哪能独立思考，去复习消化所学知识？而且教师不在规定的课时内完成授课任务，却去占用其他时间加课，这应该受到批评，而不是表扬。表扬是树榜样，让大家跟着学，如果大家都去抢占课余时间，不仅学生受不了，教师间也会产生隔阂。所以校长应当撤销这样的表扬！"经张老师这么一说，原本没有发言的老师们都交头接耳地议论开了。这个说："提得对，有道理！"那个讲："是不应该表扬！"整个会议的气氛一下子变得充满火药味，校长和那两位受表扬的教师低头不语，神色都十分尴尬。

另外，一次新学期开学前，校长在大会上宣布："现在很多不在我们学区的学生都要求来我校读书，针对这个情况，学校领导研究后制定了几条规定：本校教职工的直系子女可以直接入学；每一个教职工可以带一个旁系亲属的孩子，但要多缴25元的报名费；老干部的孙子孙女，由我签名同意即可入学。"这三种情况都不涉及张老师，本来与他无关，可他偏要"刺"一下。他说："既然都能收，为什么要多缴25元呢？为什么老干部的孙子孙女又不缴呢？照顾老干部无可非议，照顾其孙子辈就毫无道理！"很多教师一听也都跟着嚷了起来："是不该缴。"校长被弄得脸上红一阵白一阵。

（黄红）

思考题

1. 张老师的做法对吗？如果你是校长，你支持这种做法吗？
2. 张老师的出发点对吗？你觉得他应该怎么处理和其他老师之间的矛盾？
3. 学校人际关系中通常存在哪些问题？
4. 如果你是校长，你如何对待张老师这样的员工？
5. 请使用学校人际关系的相关理论分析张老师的做法。

案例分析

案例中存在的主要问题是校长对个别"刺儿头"老师的处理态度和方式问题，即人际关系的处理问题。人际关系是指人与人之间通过交往和相互作用而形成的心理联系。学校是社会的一角，各个成员通过交往形成比较复杂的不同层次的关系。处于学校中心地位的校长，主要任务是做人的工作，除了进行一般组织管理和思想工作以外，还必须花费一定精力处理人际关系，有目的地采取措施，调解人与人、个人与组织之间的各种认识分歧、利益冲突和工作矛盾。

学校中的人际关系主要分为以下几种。

1. 主从型。此种关系表现在校级干部、中层干部和老师之间，以及老师和学生之间。

2. 合作型。这种关系广泛存在于教职工和学生之间，以互惠为原则形成融洽和谐的关系。

3. 情感型。通过个人之间的情感交流和心理沟通建立起来的亲密关系。

4. 竞争型。双方或多方之间为达到某种目的而形成的一种互相较量或争夺高下的关系。

5. 冲突型。这是由于个人之间或者个人和组织之间交往不协调而产生的一种对立关系。

不少校长都认为人际关系问题是目前学校工作中的一个难点问题，有一副对联很形象地表明了校长们的心声：责怪声，牢骚声，声声入耳；扯皮事，麻烦事，事事揪心。横批：校长难做。归结起来，学校里的人际关系问题主要有以下几种：

1. 权力性矛盾。这种矛盾在上下级领导之间的表现是：彼此争权夺利，忘记了自己的本职工作，没有把权力作为领导学校发展的手段，而是把它作为目标去争夺。在师生之间的反映则是：有些老师凭借手中的权力向学生下命令，强行施压，甚至向家长索要好处。

2. 利益性矛盾。这种矛盾一般出现在利益分配不均或不公的时候。这种分配有可能发生在学校内部，比如在评职称的时候，教师们互相攀比，找领导闹事，甚至上告；也有可能发生在学校之间，比如重点校与普通校之间的矛盾。

3. 表现性矛盾。有些人由于抱着平均主义的观念不放，或者出于嫉妒心理，总是看不惯那些锋芒毕露的人，于是难免与人发生碰撞。

4. 性格性矛盾。人的性格不尽相同，有内向孤僻的，有善于交往的，也有脾气火暴的。不同性格的人在相处的过程中难免会出现分歧，进一步产生摩擦，从而导致矛盾的产生。

5. 品德性矛盾。人的素质不尽相同，有一些素质不高的人，可能因为心胸狭窄，也可能因为过于自私，往往会引起一些事端。

案例中的问题主要为第二类和第四类。各科老师之间存在利益性矛盾，不同性格的老师以及老师和领导之间又存在性格性矛盾。

由于校长握有权力，处于校内人际关系网络的关键位置，因此在处理学校人际关系的时候占有很大的主动权。校长要处理的人际关系大致分为两种：一是与中层领导的关系，二是与教职工的关系。下面就针对案例中存在的情况来谈谈校长在与教职工交往的时候要遵循的几条原则：

1. 尊重，团结，依靠。教职工是学校工作的主体，是实现教育目标的主力军，自然也是协调人际关系的主要对象。只有妥善处理好与教职工的关系，才能顺利开展教育教学工作。因此，校长必须下工夫，按照教育规律和教师的个性特长，充分发挥他们的聪明才智和潜力，使之不断为教育事业作出更多贡献。

2. 体贴下级，做好服务。需要和利益是协调人际关系的基础，领导者要调动下级的积极性就必须深入下去，关心下级疾苦，排除他们的后顾之忧。校长对待教职工也是一样的，一是要了解他们的思想脉搏，把握他们的思想情绪；二是要在力所能及的情况下尽量解决一些紧迫的工作、思想和生活问题；三是对暂时无力解决的问题给出解释说明，尽量指明前景，给人希望。

3. 以身作则，作风民主。这是领导者协调人际关系的重要准则。以身作则是最为直观的影响力，凡是要求教职工做的，校长应该首先做到，尤其是在一些敏感问题上，诸如评职称等。其身正，不令而行。只有做到以身作则，才能赢得教职工的信赖和尊敬，日后的工作才好开展。

4. 正视问题，化解矛盾。矛盾冲突在任何组织中都是不可避免的，关键是要在矛盾产生后及时有效地解决它。产生矛盾冲突的原因不外乎四种：意见分歧、不良心理、信息有误、认识不符。针对不同性质的矛盾可以采用不同的方法加以解决，比如，对于意见上的分歧可以采取座谈会、谈心、折中让步等方法来处理。

以上所说的是最基本的原则，具体的问题还要有具体的方法。下面主要以案例中的张老师为例进行分析。张老师和校长之间的矛盾主要是性格性矛盾。他的出发点都不坏，一般都属于为民请命型的，只是由于本身性格过于急躁，自控能力较差，提出意见和建议的方式有时会让人难以接受，甚至下不来台。和这种老师交往时，校长应该注意两点：一是以柔克刚。遇到性情急躁的老师冒犯你的时候，一定要头脑冷静，不要针锋相对，更不要顶起牛来。这种矛盾一般不适合热处理，而应冷处理。对于不合理的意见可以当场一笑了之，对于合理化建议则可以暂时避开锋芒，过几天再妥善处理。二是要宽宏大度。领导者要有宽阔的胸怀、大度的气量，不计较对方的态度和言辞而重点分析对方所提出的问题。合理的就应该给予肯定，不合理的也要做到"宰相肚里能撑船"，坚持自己的原则和策略。

案例中的校长，首先应该看到张老师所提建议的合理性，审视自己工作中的不足并进行改进。比如，老师擅自占用学生自习时间，虽然体现了老师的敬业精神，但确实是不值得提倡的。校长可以先给予这两位老师以态度上的肯定，再诚恳地赞同张老师的意见，随后和大家一起讨论出一个妥善的解决办法。而后，校长可以单独找张老师谈话，对他表示热忱的感激之情，同时善意地劝其以后改进提意见的方式，让大家在一个更和谐的环境中商讨对策。

另外，在学校，实际的领导作用是很复杂的。平常我们说校长有什么样的作风，教师就有什么样的教风，学生就有什么样的学风。但是这样的关系的确立需要满足三个条件：一是校长在人际关系网络中处于真正的核心地位；二是长期的文化影响沉淀形成了教师，尤其是老中青教师崇尚的心理定势；三是校长的领导行为符合学校集体目标，或能代表大多数教职工的利益。

在三个条件都得到满足的情况下，校长作风是一校之风的源头，校长的话才会得到不折不扣地执行。如果上述第二或第三个条件发生了变化，这种关系就会遭到破坏。这时，学校的实际领导角色就不是校长，可能会有一两个教职工站出来，担当实际的领导角色，这些人往往会被校长视为"有问题"，张老师就属于此类。学校要全面贯彻教育方针，促使学生全面发展，而校长所表扬的"事迹"，恰恰是违背学校集体目标的行为。在这个时候，张老师站出来表示反对，表面上来看是顶撞领导，得罪被表扬者，实质上却发挥了引导方向的作用。该校领导对"超额新生"入学的规定是不合理的，教职工是不满的。这时张老师又站出来"刺"了一下，表达了大家的"攻击性"情绪，逼着领导去更改规定，因而使大家获得了一种满足。所以，对于张老师，虽然校长讨厌，但大多数教职工拥护。

作为校长，只有妥善处理好类似于张老师的问题，协调好与教师间的关系，才能和老师们齐心协力，共同使学校有所发展。

23. 学校与教师的法律关系

案例

王某是湖南某大学2011届的一名应届毕业生,在校期间取得了教师资格证书,毕业后于2011年参加某中学的招聘活动并被该校录用,录用之后,王某、该中学、湖南某大学签订了三方协议,即《全国普通高等学校毕业就业协议书》。2011年8月13日,王老师持"就业报到证"到该中学工作,任教期间双方未签订任何合同,只是口头约定了五年的工作期限。与此同时,王老师的人事档案直接从湖南某大学调入该地方教育局。任教之后,由于王老师没有正式的教师编制,所以其工资收入由学校在学费中自行支出。一年以后,因该中学拖欠工资,王老师于2012年6月28日向学校提出辞职申请,要求辞职。2012年8月13日,王老师到该校协商辞职问题。协商过程中,该中学要求王老师向学校支付违约金,王老师要求校方给付拖欠工资,双方因这两笔资金问题产生纠纷。因双方均不肯退让,协商无果,王老师很快到当地劳动人事仲裁委要求劳动仲裁。

王老师要求学校返还自己的大学毕业证和人事档案,并且给付任教期间拖欠的工资,因无书面劳动合同,所以要求双倍给付工资,并且要求学校补缴各项社会保险。

学校提出的抗辩理由是学校和王老师不是劳动关系,而是人事关系,不应适用《劳动合同法》。王老师在校任教期间,学校已经向政府申请了王老师的教师编制,只是目前还没有批下来。王老师的突然辞职打乱了学校的教学计划,给学校和学生造成了一定的损失,违背了当时口头约定的五年工作年限,因此王老师应当承担违约金。

(案例改编自《学校和教师的法律关系》,找法网 http://china.findlaw.cn)

思考题

1. 学校与教师的法律关系是否适用劳动法规？
2. 如果你是王老师，在就业过程中应如何维护自己的权益？
3. 如果你是该校的校长，通过王老师的辞职，在学校的人事制度上，你会吸取哪些教训，作出何种改变？
4. 试运用教育法的相关知识理清学校与教师的法律关系。

案例分析

教师聘任是学校人事管理的首要环节，而依法依规进行学校管理也是依法治校的基本要求。程序合法是前提，通畅的申诉渠道是保障，法律意识是关键。

针对本案例，我们要讨论的核心问题是：学校和教师的法律关系是否适用劳动法规。本案例从主体上来看，一方是已经取得教师资格证的王老师，一方是公办学校。从双方的权利义务来看，王老师在该校任教一年，从事教书育人工作，该中学应给王老师发放工资、奖金，安排休息时间。从双方争议的内容来看，王老师要求学校给付拖欠的工资及缴纳各项社会保险，学校要求王老师给付因未履行满五年的（口头）约定工作期限提前辞职的违约金。

自2008年1月1日起《劳动合同法》正式施行，全社会反响强烈。社会把关注的焦点放在了法律调整的企业与其劳动者之间的劳动争议问题上，而教师的劳动关系和劳动纠纷问题在此大环境下被边缘化。教师的劳动关系中的争议和纠纷之所以不能引起足够的重视，有着深刻的历史文化和社会制度等原因，以《劳动合同法》为本，可以规范学校与教师之间的劳动合同关系，使教师与学校之间的劳动关系更加和谐，进一步维护教师的合法权益，从而更好地调动教师的工作积极性，激发教师的工作热情，使其全身心地投入到教育事业中。

我国《劳动合同法》第二条规定：中华人民共和国境内的企业、个体经济组织、民办非企业单位等组织与劳动者建立劳动关系，订立、履行、变更、解除或者终止劳动合同，适用本法。国家机关、事业单位、社会团体和与其建立劳动关系的劳动者，订立、履行、变更、解除或者终止劳动合同，依照本法执行。第九十六条规定：事业单位与实行聘用制的工作人员订立、履行、变更、解除或者终止劳动合同，法律、行政法规或者国务院另有规定的，依照其规定；未作规定的，依照本法有关规定执行。

根据这两条规定，《劳动合同法》中的主体的适用范围包括以下三种情况：(1) 适用中华人民共和国境内的企业、个体经济组织、民办非企业单位等组织与劳动者建立劳动关系，订立、履行、变更、解除或者终止劳动合同的情况。(2) 适用国家机关、事业单位、社会团体和与其建立劳动关系的劳动者，订立、履行、变更、解除或者终止劳动合同的情况。(3) 适用事业单位与实行聘用制的工作人员订立、履行、变更、解除或者终止劳动合同，法律、行政法规或者国务院未作规定的情况。

本案例中学校不属于企业、个体经济组织、民办非企业单位的范畴，所以不适用第一种情况。学校属于事业单位，学校与清洁工、保安等人员签订的是劳动合同，实行教师聘任制的学校与教师签订的是聘用合同，所以也不适用第二种情况。而在第三种情况中，又分为：法律有专门规定实行聘用制合同；法律没有专门规定的聘用制合同。前者自然适用前者的专门法规，后者则适用劳动法的相关法律规定。

我国《教师法》第十七条规定：学校和其他教育机构应当逐步实行教师聘任制。教师的聘任应当遵循双方地位平等的原则，由学校和教师签订聘任合同，明确规定双方的权利、义务和责任。实施教师聘任制的步骤、办法由国务院教育行政部门规定。而目前，我国国务院教育行政部门的行政法规未对教师聘任合同的具体内容及聘任的步骤、办法等作出明确的规定，因此只适用《劳动合同法》第九十六条的规定，即依照本法有关规定执行。

据此，本案中王某与学校的教师聘任所产生的争议应当适用《劳动合同法》的规定。经过律师的调解，申诉双方达成和解。

明确了学校与教师的法律关系适用劳动法规之后，我们可以进一步将这个案例进行细化，本案例属于中小学教师劳动合同单方面解除的法律问题，一般来说，在教育教学实践中单方面解除劳动合同的情形有两大类：一是学校单方面解除，二是教师单方面解除。其中学校单方面解除劳动合同的具体情况有：因教师丧失教师资格解除劳动合同；因末位淘汰制解除劳动合同；因教师从事有偿家教解除劳动合同；因教师师德沦丧解除劳动合同；因教师违反法律法规及社会公序良俗解除劳动合同。教师单方面解除劳动合同的具体情况有：因教师考研进修解除劳动合同；因教师考取公务员解除劳动合同；因学校未及时足额支付劳动报酬解除劳动合同；因教师工作调动解除劳动合同。本案例反映的是教师因学校未及时足额支付劳动报酬而解除劳动合同的情况，根据《劳动合同法》第三十八条之规定，教师在其工资被克扣、无故拖欠的情形下可以单方面解除劳动合同，但必须提前三十天以书面的形式通知学校和教育行政主管部门。在解除劳动合同之后，其被克扣、拖欠的工资可以依法向用人单位追讨。王老师通过法律途径保护了自己的合法权益，也为日后求职积累了经验。

24. 下午的签到该不该取消

案例

某中学为加强教师考勤管理，制定了上、下午上班签到的考勤制度，并且每天由值班领导亲自给教职工签到。这项制度已经实行了几年，基本上制止了教师迟到、早退和无故缺勤现象的发生。随着学校考核评价等一系列管理办法的实施和教学成绩的不断提高，学校声誉越来越好，学校和教师所承受的各种压力也越来越大。在一次骨干教师座谈会上，老师们提出能否取消下午考勤签到的问题，理由是："老师们很累，下午第一节如果没有课，中午可以踏踏实实休息一会儿，缓解一下。如果有签到，就不敢休息，有时刚睡着就惊醒，这样下去总得不到充分的休息，对身体健康很不利，也不能精力充沛地投入工作。"有位主管领导说："签到是我校实行了多年的制度，如果取消就会给一些对自己要求不严格的人带来可乘之机，就会产生由于少数人的不自觉而影响整个教职工群体的现象，会造成严重的后果，所以签到不能取消。"那么下午的签到到底该不该取消呢？

（杨松华）

思考题

1. 根据本案例，你认为这所中学下午的签到该不该取消？
2. 请对学校制定并实施上、下午上班签到的考勤制度进行评析。
3. 请运用教育管理学的相关理论，对这所中学主管领导的学校管理理念进行分析。
4. 根据本案例，对学校如何进行考勤制度的建设进行讨论。

5. 请使用人性假设理论分析学校主管领导的行为。

案例分析

从学校管理活动的方式来看，可以将其分为常规性管理和非常规性管理两大类。常规性管理是变动态为静态的、比较稳定的一种管理方式。实行常规性管理有利于建立正常的工作秩序，使得管理者得以从日常繁琐的行政事务中解脱出来，以便集中精力研究解决学校存在的重大问题。本案例就是一个对教师考勤进行制度管理的例子，对本案例的分析不仅涉及建立教师考勤制度需要注意的问题，而且还涉及学校管理的理念等问题。

本案例我们要讨论的核心问题是：下午的签到要不要取消？学校应如何因校制宜制定管理制度？所谓常规性管理，就是以切实可行的制度和规范的形式把治校育人活动固定下来，使之成为师生员工自觉的行为习惯，从而使学校各项工作规范化、制度化、有序化。严格且必要的规章制度，既是学校教育的重要手段，更是学校管理的必要措施，它对于完成教育教学任务、提高学校工作效率有着十分重要的意义。

制定学校的各种规章制度，是一项非常严肃的工作。美国经济学家道格拉斯·诺斯认为，制度是一个社会的博弈规则，或者更规范地说，它们是一些人为设计的，形塑人们互动关系和减少不确定性的约束，这种约束包括正式约束和非正式约束。学校的考勤制度是学校管理过程中重要的常规正式制度，既要符合学校管理和教师工作的基本规律，又要符合学校工作的具体情况和实际需要，更要考虑到教师的实际利益。教师是学校重要的内部顾客，学校要充分考虑到教师的利益和实际需求，并通过多种途径尽可能地满足教师的需求。

对于根据学校实际需要建立的教师考勤制度，在实施过程中还要注意以下三点：首先，要经常检查评价，学校领导者应注重检查和评价教师对考勤制度的理解情况和执行情况，只有了解这些，才能研究制度是否合理，是否要坚持、加强、修正或扬弃，才能不断完善制度，调节和矫正教师的工作和行为，使考勤制度的功能得到充分发挥。其次，在学校考勤制度的实施过程中，还需要特别注意的一点是不能只关心教师的出勤率而不关心人，对教师的困难视而不见、漠然处之。正确的态度与做法应该是既要关心人，也要关心工作；既要保证常规工作的正常运行，又要关心教师的身心健康。再次，学校管理者要打破僵化的思维，学校的制度管理是一种静态管理，具有稳定性的特征，但稳定不等于一成不变，随着学校教育的发展以及办学条件的改善和管理手段的更新，制度管理的内容、要求和形式也会不断发生改变，稳定是相对的。因此，当客观条件发生了变化，为了适应新的办学理念，也需要打破常规的管理活动。学校的制度管理和非常规管理是学校管理活动中两种相联系的、不可缺少的运作方式。如果学校的管理制度一成不变，就不可能根据新情况、新问题提出新思路、解决新问题、创造新经验。在本案例中，学校对教师实行考勤管理，制定了教师上、下午上班签到的考勤制度，这项制度实行了几年，对教师的出勤管理起到了作用。但是随着学校的深入发展，学校制定实施了新的考核评价办法，而随着学校声誉越来越好，教师压力也明显增大，学校的实际情况发生了转变。针对有些教师所提出的取消下午签到的考勤制度，校领导未经深思和调查就采取了否定的态度，这一做法是不合适的。

学校领导应该如何根据学校发展的实际调整相应的管理制度呢？学校领导者要善于总结学校教育的发展情况、办学条件的改善和管理手段的更新情况，针对学校实际条件的变化来考虑原有的常规制度是否还能适应新的办学理念或新的管理要求。这就需要学校领导者进行深入调查，了解制度利益相关者的意见和需求，组织调查、取得经验，分析新的条件下要完成的新任务、所要解决的新问题，研究、设计、选择实现这一任务的方案，并采取相应的方法、手段和措施，组织力量，加以实施。在实施中，和原有的做法、效果进行分析比较，作出新总结，取得新经验，制定工作的新标准、新办法、新制度和新程序，并进一步在实践中不断完善。

学校领导者只有具备灵活求变的思路和非常规管理的能力，才能满足教师的需求，提高学校教育质量，使学校工作不断前进。如果一种制度需要变更和调整，而学校领导者没有充分认识到这一点，仍然按照原有的手段和制度进行学校管理，就会使学校管理陷入危机状态。随着学校管理和教育改革的不断深入发展，也必定要突破原有的制度，构建新的制度，学校管理永远处于常规制度管理和非常规管理的运转和交替中，因此，如何处理好这两者的关系，也成为学校领导者一项经常而又必须的工作。学校领导者要重视常规的管理，又不能死抠规章制度，机械教条、墨守成规。既要重视改革和发展，灵活处理改革中的实际问题，又要将其纳入规章制度的渠道。

在本案例中，学校主管领导没能按照发展的观点来看待学校发展的新情况和教师需求的实际情况，对规章制度严格遵守，这种做法是不可取的。在实际工作中，主管领导应该对教师工作的时间安排和工作状态进行深入的调查，结合当前学校的绩效考核体系，对此项制度是否需要调整进行全面深入分析和判断，再作出是否要取消下午签到的决定，而不能凭自己的主观判断，以行政命令的方式强制执行，这样做有可能会挫伤教师的积极性，从而影响学校教学和管理的正常运行。

在本案例的讨论中，我们还可以从学校管理的理念和出发点对学校和主管领导的行为进行分析。麦格雷戈提出了有关人性的两类假设：X 理论和 Y 理论。X 理论代表了一种消极观念，认为人不喜欢工作，只要有可能就会逃避工作和责任，为了保证工作效果必须对其严格控制；Y 理论则提供了一种积极的人性观点，认为员工可以自我指导，他们接受甚至主动承担工作责任，他们把工作视为一项自然而然的活动。麦格雷戈相信 Y 理论更抓住了人的实质特点，认为应该以此指导管理活动。

在本案例中，学校实行严格的上、下午签到的考勤制度，并由校领导亲自给教师签到，在教师提出能否取消下午签到时，主管领导的态度也说明了学校管理的出发点是把教师看成 X 理论所代表的人的特征，所以采取了与此理论相对应的管理手段。虽然管理学上并无从证实哪一种假设和理论影响更为有效，也无证据证明接受 Y 理论假设并相应改变行为的做法能更有效地调动员工的积极性。但在学校管理的实践中，我们也提倡制度管理和情感管理相结合，实施柔性化管理，只有从教师的实际需求出发，满足教师需求，才能调动教师的积极性，而不是一味地以制度和行政命令的方式进行教师管理。

25. 评职称引发的风波

案例

李校长刚到 A 校上任，恰逢上级部门分配了 8 个小学高级教师职称的名额。李校长便召集有关行政人员组成职称聘任推荐方案小组，根据市职称改革领导小组《关于职称工作若干具体问题的通知》以及市人事局、教育局有关教师职称聘任推荐的精神，结合本校以往的聘任条件，进行讨论。在小组讨论中，李校长一条一条边提意见边修改，并将方案在教代会上举手表决通过。该方案实行"三公开一监督制度"，即计分标准公开、考核结果公开、竞聘对象公开，接受广大教职工监督。

没想到，教职工对此意见很大。特别是年龄大的老教师，多次集体上访。有一位老教师宣称：如果不予以聘任，将死在省政府门口。这一问题引起了市政府有关部门的高度重视，并派出由市纪检部门、市总工会、市教育局等组成的调查小组，专门对 A 校进行调查、处理。

调查发现，A 校近几年被聘任的教师都是年轻教师。进一步深入调查发现，该校职称评聘主要以业绩考核成绩为依据，对老教师明显不利。学校业绩考核方案规定：凡是参加市级以上各种竞赛、论文发表取得前三名的，年度考核时另加 50 分。年轻教师在这方面占了便宜，因为组织参加市级各种竞赛的指导教师都是年轻骨干教师，年度考核加 50 分，明显太高。不仅如此，业绩考核中行政职务加分也过高，而主要的行政岗位都由年轻教师担任。这样造成的结果便是近年来都是年轻教师被聘任。其实，对于原来的职称评聘方案，老教师早就有意见，希望新校长能够认真对待并加以改进。但是李校长觉得这一制度已经实行多年，没有大改的必要，所以基本上照搬了原来的职称评聘方案，结果引发了一场矛盾。

据此，上级决定：撤销李校长 A 校校长职务，将之派到 B 校任副职。后来，A 校代理校长组织职称聘任方案小组，对聘任方案进行了修改：照顾老教师，为其另加 5 分。这样，差三年就要退休的 4 名老教师得以聘任。同时，学校又做了年轻教师的思想工作，才使 A 校评职称风波暂时得以平息。

（林颜钦）

思考题

1. A 校老教师为何集体上访？
2. A 校在制定评职称方案上有什么不妥之处？
3. 决策方式都有哪些？李校长采取的决策方式合理吗？
4. 如果你是 A 校代理校长，你打算怎样化解评职称风波？
5. 请你试着用科学决策的相关理论分析 A 校评职称的过程。

案例分析

我们从案例中可以看出，老教师之所以集体上访，主要是因为他们认为在职称评定过程中受到了不公正待遇。

职称评定应该建立在教师业绩考核的基础上。教师业绩考核是为了了解和掌握教师的政治思想、专业理论知识和业务能力以及工作态度、工作效果等方面的情况，以便为教师的进修、培养、提高和分配教学教育工作任务以及职称评定、晋级奖励等提供依据。教师业绩考核的标准同时也发挥着指引工作方向的作用，一旦标准形成，教职工会逐渐使自己的行为向标准靠拢。对教师的考核涉及很多方面，比如教师的教案、学生的作业和学习成绩等等。更重要的是，考核一定要结合各个学校的具体情况全面开展，只有全面而公正的考核才可以达到考核的预期目的。

综合来看，A 校在制定职称评定方案上有以下不妥之处：第一，在分值分配上，竞赛、论文、行政职务方面的加分实际上偏向年轻教师。因为老教师没有指导竞赛的机会，又没有行政职务，失去了加分的可能。第二，缺乏人性化，缺少对老教师的照顾。老教师工作辛苦一辈子，理应得到照顾，年轻教师应该相让。第三，在民主管理上，拟定聘任方案，不应该都是行政人员参加，因为行政人员没有代表性。第四，在聘任方案表决时，不应该以公开举手表决的方式，这样会受到很多因素的影响。第五，缺乏调查研究，对情况的把握出现偏差。

管理科学的决策主要分为七个步骤：观察和分析、确定问题、建立解决问题的模型、从模型中得出解决方案、对模型和解决方案进行验证、建立对解决方案的控制以及把方案付诸实施。其中，观察和分析以及确定问题是决策的首要环节，也是解决问题的基础和根据，李校长不仅没有主动去调查研究学校的真实情况，没有了解各个层面关于职称评聘的意见和建议，而且也丧失了获取真实信息的机会。在确定问题中，决策者还应该注意细化区分问题的常规性、重要性、处理权限以及时间维度。案例中说道，对之前的考核措施进行修改时，李校长一条一条边提意见边修改。身为校长，而且是刚刚上任的新校长，教职工对其不甚了解，比如不知道他是否平易近人，领导风格是否民主等。所以如果不主动去征求教职工的意见，以此种方式进行讨论，自然少有人敢于说出相左的意见。另外在将方案放在教代会上表决时，采取公开举手表决的方式也不是很恰当。这种方式看起来是一种民主化的决策方式，但是操作起来还是存在不少问题，比如耗时较长、从众效应、群体偏离、责任分摊等。李校长其实可以考虑私下提议的方式，这样既可以让老师们无所顾忌地说出自己的想法，又可以更加详尽地了解学校的一些情况。

关于给代理校长的建议：第一，应该先了解哪些教师被聘任了，哪些教师没有被聘任，深入了解其内在的原因。第二，召集有代表性的人员，如老教师、中年教师、青年教师、行政人员等组成职称聘任方案小组，拟定方案，征求意见，采取管理民主和政治民主相结合的方式。管理民主，即吸收职工参与决策或共同决策，民主有优点也有缺点，要正确使用。该由谁参与，参与到什么程度，决策领导的把握至关重要。第三，以人为本，在人性化的基础上照顾老教师，又能激起年轻教师赶超的劲头。第四，平时要重视党政工共建"教工之家"工作，调动支部、工会的作用，积极调动、发挥全体教职工的工作积极性，强化团队精神，共同把学校工作做好。

26. 刘老师为什么不走了

> 案 例

沈校长调到某县一所农村中学已经三个月了。一天，他刚听完课回到办公室坐下，教初三化学的骨干教师刘老师就敲门进来了。刘老师郑重地说："校长，这是我的请调报告。我大学毕业就来了这所学校，已经五年了。这所学校条件差，没奖金，福利少。我结婚四年，还没房子住，孩子也无法入托，实在有困难。况且，我校的年轻教师，进城的、改行的都找到了自己的出路。校长，请您给我安排个简单的工作，我边干边办调动。"

沈校长听了，先是心头一震，转而深情而诚恳地说："小刘啊，你能把心里话说给我听，就是看得起我。你还年轻，大有前途，我同意你调动。我来到这所学校的时间不长，可我了解你。五年来，你工作勤勤恳恳，任劳任怨，从来不缺席、早退。自从你教初三化学课以来，教学大有长进，学生很爱听你的课。只是学校经费短缺，多年来欠老师的太多，伤了老师们的心，才迫使有些老师调走哇！在我任职的五年里，如果不改变学校的面貌，我就自动下台！调动的事你尽管办，初三的课你照样教。你这个人我知道，不让你上课，你会不舒服！"

自打这次谈话以后，刘老师与沈校长之间的距离缩短了。他有什么话都愿意跟沈校长讲，有什么想法也愿意和沈校长谈。沈校长也时常与刘老师聊聊家长里短。事实正如沈校长所预料的那样，刘老师虽然在办调动，但从不缺课，而且把初三的复习迎考工作抓得有条不紊。

一次，刘老师向沈校长反映：由于学校没有院墙，各种设施不好看管，玻璃总被打碎不说，还经常有不三不四的人进校骚扰；值班室里的被子又脏又破；学校油印机坏了，出套复习题都没法印……刘老师没完没了地说，沈校长——记在心里。

一天，轮到刘老师值班。晚上，他来到值班室，一下子愣住了：室内干干净净，床上一床新被子，桌上一瓶热开水……这一夜，刘老师感到非常高兴。第二天一早，炊事员师傅就来喊他去吃饭。不久，教研组长告诉刘老师：学校新买了一台速印机，今后印材料，一律送到打印室，由专人负责。

中考后，学校放了暑假。估计考试成绩快下来了，刘老师在家里怎么也待不住，便来到了学校。只见后勤人员正在建围墙，校园里热火朝天，沈校长也在其中忙着搬砖。见到刘老师，沈校长说："告诉你一个好消息，刚才接到县招生办的电话，我们学校打了个翻身仗，有35名学生考上了县示范高中。你为我校作出了贡献，就是调走了，功绩也会记在全乡父老的心中。午后你和我一起到县里去取成绩单，我顺便找找熟人，争取假期给你办好调动，一开学你就去新单位报到……"沈校长还没说完，刘老师的眼睛已经湿润了，他有些内疚地说："现在，我已经不想调动了。"沈校长听了，一拳打在他的肩膀上："太好了，那我们就一起干吧！"

（引自《他为什么又不走了？》，赵德远，《中小学管理》，1994年第Z21期）

思考题

1. 请结合案例，分析当前我国农村教师流动热的原因？
2. 在本案例中，沈校长靠什么把刘老师留住了？
3. 请从宏观政策和学校管理的角度，谈谈如何解决骨干教师频频外流的问题？
4. 请使用激励理论分析沈校长的做法。
5. 试想想，沈校长的做法可以在各个学校推广吗？

案例分析

学校管理者的管理能力越来越成为学校核心竞争力所在。近几年，教师流动成为教育界的热点问题，尤其是骨干教师频频外流成为许多中小学管理者面临的难题，如何留住优秀教师，靠什么留住优秀教师成为中小学校长亟待解决的问题。

在讨论本案例之前，首先需要了解教师流动热的背景和特点。我国上世纪 90 年代初放开人才流动政策时，教师队伍中出现过一次"跳槽"热。近年来，随着事业单位人事制度改革启动，民办教育促进法出台，教师资格证书制度正式实施，择校热不断升温，教师流动现象日益增多，并出现了一系列新变化和新问题，因而再度引起人们的关注和思考。当前中小学教师的流动具有明显的特点和规律：一般都是边远落后地区流向经济文化发达地区；工作条件差的、收入待遇低的学校流向工作条件好、收入待遇高的学校；高学历、中高职称教师流动多，中青年教师尤其是骨干教师流动多。对教师的流动问题，学校管理者应该有一个正确的认识。骨干教师的流动在一定程度上影响学校的教育质量和教育环境。教师单向、无序的流动造成中小学教育质量滑坡，扩大了城乡差距，导致择校热不断升温，有悖教育公平，影响教育均衡发展。但是教师队伍在一定范围内的有序流动是正常的，在市场经济的冲击下，教师流动是社会发展的一种正常现象。

本案例我们要讨论的核心问题是：什么原因造成了骨干教师的流动？学校领导者应该如何留住优秀教师？在这里我们首先探讨一下教师流动的原因，造成农村优质教师资源流失的原因主要有两个方面：

一是外部因素，市场经济为优质教师资源的流动提供了可能性。社会主义市场经济体制的特征之一就是市场经济运行发展具有开放性，要求人才资源按照市场规律重新配置，人才流动已成为市场经济中一种积极的管理机制。教师流动是市场经济运行的必然趋势，反映了市场在人力资源配置方面的必然要求和客观规律。教师是影响教育质量的关键因素，优秀教师的争夺是骨干教师流动的重要因素。

二是内在原因，教师需要的满足和自我价值的实现是教师流动的内在动力。由于我国经济发展不平衡造成不同地区的教师之间、城市和农村教师之间的工资福利等方面存在较大差异。经济利益的驱使和教师对物质生活需要的满足是内在原因的一方面；另一方面，许多骨干教师的自主流动是自我实现的需要。

人本主义心理学家马斯洛的动机理论认为每个人都有五个层次的需要：生理需要、安全需要、社交需要、尊重需要和自我实现需要。马斯洛将这五种需要划分为高和低两级，生理需要和安全需要称为较低级的需要，而社会需要、尊重需要和自我实现需要称为较高级的需要。两级的划分建立在这一前提条件下：高级需要通过内部使人得到满足，低级需要主要通过外部使人得到满足。教师在基本需要得到满足的基础上，就更渴望得到成长与发展、发挥自身潜能、实现理想的需要，这是一种要成为自己能够成为的人的内驱力。骨干教师如果感觉自我成长受限，学校无法提供实现自我价值的平台，就会寻求能够施展才能的与之竞争力相匹配的空间。在本案例中，刘老师想要请调的原因就在于他认为自己的生活需要和自我实现的需要受到限制。

1964年，美国心理学家维克多·弗鲁姆提出了期望理论，期望理论认为，当人们预期某种行为能带给个体某种特定的结果，而且这种结果对个体具有吸引力时，个体就倾向于采取这种行为。激励水平的高低是被激励者的期望值和奖酬对他的效价共同作用的结果。用公式可表示为：激励水平（M）= 期望值（E）× 效价（V）。期望值是指被激励对象对可能达到的目标或获得的奖酬可能性的估计；效价是指被激励对象对奖酬的重视程度。由于人们的个性和条件不同，对奖惩赞赏程度也不一样。对于刘老师的调动请求，沈校长是在充分了解教师的特点以及对学校建设的自信上作出的决策，这一决策看似同意了刘老师的调任，实则是以退为进，更加激励了刘老师的工作。沈校长与刘老师真诚地交流，肯定了刘老师的工作，也给了他参与学校建设的自主性，期望值较高；同时，沈校长了解刘老师对工作的热情和希望调任的原因，让他继续代课并及时地处理刘老师对于学校建设提出的问题，效价也较高，如此一来，沈校长的做法对于刘老师来说就起到很好的激励作用。但是对于教师的激励应因人而异，沈校长的做法固然对刘老师很有用，但是在学校管理实践中不可机械照搬，要具体问题具体分析。

在本案例中，我们还可以对校长的工作方法和领导艺术进行分析讨论。所谓领导艺术，也是一种工作方法，而且是富有创造性的领导方法。校长的领导艺术涉及多方面，其中极为重要的就是正确处理已经产生的问题。首先要分析问题是怎么产生的，然后采取正确的对策。如果是由于自己的过错导致的，就要坦诚相见，承认错误；如果是对方抱有成见，就要正确对待，使对方在事实面前接受教育；如果对已经产生的问题不加分析、不冷静处理，就会有损自己的"威信"，反而把事情搞砸，影响一个团结集体的形成。

教师是影响教育质量的关键因素，在优质教师资源频繁流动的状况下，在一些本来就落后的农村薄弱学校中，骨干教师的流动对其无疑是雪上加霜，学校管理者该怎样主动疏导，调适对策以积极应对？学校留住优秀教师，关键在于建立和完善一套有效的管理机制。

第一，建立和完善留人机制，实现优秀教师的个人价值。留人机制包括学校发展留人和个人成长留人。学校的发展一要有明确的发展目标，二要有较快的发展速度，只有学校发展了，才能够为优秀教师构筑发展的平台和环境，让他们获得更多的成长机会。

第二，建立和完善待遇留人机制，实现优秀教师的个人回报。这里的待遇包括劳动报酬和福利措施。作为劳动报酬的补充，福利措施是留住教师的卓有成效的方法，包括给教师提供学习的机会，改善教师的办公环境和生活环境，这些都能增强学校的凝聚力和吸引力。

第三，建立和完善感情留人机制，营造学校亲和的文化氛围。文化管理是最高境界的管理方式，文化能产生亲和力、吸引力、创造力和竞争力。学校管理者对教师要有温馨的人文关怀，就是要尊重优秀教师，营造出一种尊重人才的氛围；要协调人际关系，使优秀教师心情舒畅；要畅通沟通系统，开诚布公，倾听其意见，让每个人都有发表见解的权利和机会；学校管理者还要树立良好的领导形象，有魅力、坚忍不拔、业务专精的领导会让教师对其充满信任感，从而对学校发展前景充满希望。

在本案例中，沈校长就是靠学校的快速发展，实现优秀教师的个人回报，营造对教师温馨的人文关怀和亲和的文化氛围把骨干教师刘老师留住的。因此，学校管理者要结合学校发展的实际，建立和完善一套有效的适合的管理机制，把优秀的教师留住。

27. 一项人事聘用工作的处理

案 例

某中学为了提高学生心理健康和政治思想水平，在引进心理健康辅导教师时有两个硬性规定：（1）必须是硕士研究生及以上学历；（2）必须是中共党员。该校在众多的求职简历中筛选了几名符合要求的硕士研究生，几轮面试后，一位教育学专业的女生表现得不错，且她对学校也很满意。她出示了盖有所在学校研究生院公章的推荐信，推荐信上明确写着她的政治面貌为预备党员，基本符合学校的接收条件。最后，该校与这位女生签订了三方就业协议，并为她办理了进京审批手续。在离正式报到不足一个月的时候，该生突然给学校打来电话，态度非常诚恳地向学校说明了一件事：她并不是预备党员。原来该生所在的学校每年5月份都会发展一批党员，老师也承诺在毕业之前发展她为预备党员，于是她求职简历和学校出具的推荐信上的政治面貌填写的是预备党员，学校未经核查就在推荐信上加盖了公章。但由于一些客观原因，学校那年取消了发展计划，她在毕业前夕没有机会发展成为预备党员。该生认识到了事情的严重性，主动向学校说明情况，并在两天之后特意从兰州赶到北京向学校承认错误。

学校主管人事的领导就是否录用该生有不同意见。其中一位领导认为，该生的教育背景和社会工作经历很适合这个岗位，没有必要要求心理健康辅导教师必须是中共党员。另外，当时已是6月中旬，如果拒绝，该生重新求职已十分困难，而且该生认识错误的态度十分诚恳，既然她的关系已办理妥当，即便不能做学生辅导工作，也可以把她安排到其他岗位。另外一位领导则认为，这是一个原则性很强的问题。首先，一个合格的心理健康和思想政治辅导教师为人必须诚实、正直。无论她有什么原因，现实是她一开始没有向学校说明真相，说得严重了，这就是欺骗。该生各方面条件比较优秀，如果在求职初期她便将自己的情况如实说出，学校会考虑留用她。其次，该生所在学校也不负责任，对学生的推荐信和各类证明不经核实就随便盖公章。如果照常接收该生就等于放纵这种不负责任的行为，同时也反映出学校接收毕业生的随意性。再次，该生各方面条件的确很好，也曾考虑把她推荐到相关部门，但如果这件事情被其他人知道，该生会承担很大的心理压力，这对她以后的发展不利。

经过认真讨论，学校最终决定将该生的关系退回原校。但这并不是最终处理结果，学校考虑到该生重新择业的困难，况且不能因一件事就完全否定一个人，于是由该校领导出面将该生推荐到另外一所中学。经过考核，那所学校最终录用了她。

（刘颖）

思考题

1. 就是否录用该生的问题，学校领导有不同意见，你同意哪位领导的看法？为什么？

2. 你认为该校的人事聘用工作是否存在漏洞？如果有，该如何进行完善？

3. 请从学校人事聘用过程的角度分析该校工作的合法性。

4. 请对该校的人事聘用工作处理结果作一个简单的评析。

案例分析

学校教师的聘用，是学校按照一定的规则和程序，选用具备一定资格的人从事教育教学工作的行政行为。在本案例中，学校对人事聘用工作的处理，不仅涉及人事聘用工作的常规问题，还涉及学校领导处理人事关系的艺术。

在讨论本案例之前，首先要明确学校人事聘用在整个人事管理中的重要地位。我们通常用"入口处"来形容人事聘用在人事管理中的位置，这说明人事聘用是学校人事工作的首要、关键环节。学校人事管理的重要工作是如何根据学校的实际情况制定适应学校发展需要的人事聘用制度,如何保证学校招聘到满足岗位需要的人员。

针对本案例,我们要讨论的核心问题是:学校已经制定了规范的人事聘用制度,那么,学校该如何按照制度招聘到满足岗位需要的教师?教师聘用一般包括两个方面:一是制定相关的资格标准,二是规范聘用选拔程序。学校教师要取得职位,必须具备一定的资格条件,履行一定的手续,经由任用来实现。学校在选聘教师时,不仅要按照教育行政部门的规章制度进行选聘工作,同时要根据学校的实际需求制定合理的聘用资格条件,在做好这两方面工作的基础上制定严格的甄选标准和程序,只有这样才能保证学校招聘到满足岗位需求的人。在甄选过程中,要特别注意甄选方法和手段的使用,以减少错误的发生。如果学校在招聘工作结束之后才发现招到了不符合岗位要求的人,那说明聘用过程出现了问题。这些问题绝不是无足轻重的,这种错误会给组织造成显著的成本费用,而且也会对当事人造成不良心理影响。因此,招聘活动的主要着眼点是提高作出正确决策的概率。学校人事工作管理者可以通过既有效度又有信度的甄选程序来保障决策的正确性。

本案例中,该校在选聘之前就明确了心理健康和思想政治辅导教师的任职条件,但为什么最后却招聘到了不符合岗位任职条件的人,而且还出现了一系列的后续问题?其根本原因就在于聘用过程不规范,没有实施严格的甄选程序。

在聘用教师的过程中,一般来说,候选人会提交一份简历,概述自己的教育经历、工作经验和所取得的成就。在看候选人的履历时,如何判断履历上的内容与事实的偏差是人事聘用工作者必须认真思考的问题。常用的甄选手段包括:应聘者申请表分析、笔试和绩效模拟测试、面谈、履历调查等。在本案例中,该校明确规定了该岗位教师的政治面貌必须是中共党员,那么,招聘者就必须重视对候选人履历的调查。履历调查是判断候选人行为道德和真实性的重要手段,对候选人履历的调查可通过资料审核和推荐信查询两种方式进行,这两种方式是获取人员甄选有关信息的非常有价值的渠道。进行资料审核的程序并不复杂,尤其是任职资格要求的关键信息,一定要通过审核的办法来进行判断。

本案例中,学校仅仅根据该生的履历和面试表现就决定录用该生并与其签订三方协议,在整个招聘过程中,学校只考察了候选人的能力素质却忽视了道德素质和资料真实性的审核。最后的结果是学校没有招到符合岗位需求的人,付出了管理成本,而这个问题在招聘过程中是完全可以避免的。由此我们得到的认识是:在学校聘用的人事工作中,管理者应特别注意使用各种甄选手段对候选人进行全面考察,尽量减少接受错误或拒绝错误的发生,从而提高作出正确人事聘用决策的概率。

在本案例中,由于学校在招聘过程中出现了问题,所以引发了对该学生的处理矛盾。人事聘用是一件严肃的人事管理工作,学校在人事聘用方面有相关的规章制度,如果没有其他特殊情况,应该严格按照规章制度办事。本案例中出现这样的人事聘用结果,学校和学生双方都有责任,学校没有严格按照招聘程序办事,学生没有坦诚地告知学校事实真相。该校领导者综合考虑了各方面的因素,作出把该学生推荐到另外一所中学的决定,该校没有因为这件事而完全否定一个人,同时,不聘用的处理结果也给了该生一个教训,维护了学校的权威。从学校对该学生人事聘用工作的处理结果来看,该校的做法还是可取的。可以说,学校领导者考虑得比较周全,充分运用了领导艺术并实施了人性化管理。通过本案例的讨论分析,我们可以认识到:严格、合理、规范的学校人事聘用规章制度对学校的招聘工作具有十分重要的意义。严格按照人事聘用规章制度开展招聘工作不仅可以减少招聘工作发生错误的几率,提高管理者作出正确任用决策的概率,而且可以降低学校的管理成本。

28. 坚决不做文科班的班主任

案 例

学期末，学校要安排下学期的人事。学校经过研究，决定让王老师担任高二年级文科班班主任。但是在学校有关领导找王老师谈工作安排时，引发了一些矛盾。王老师认为，自己不适合担任文科班班主任，拒绝接受这项工作。为了解决这个矛盾，学校有关领导进行了细致的研究分析，一致认为让王老师担任文科班的班主任比较合适。原因是：第一，她有多年班主任工作经验，而且曾被评为优秀班主任，管理班级的经验比较丰富；第二，她教文科班的语文课；第三，学校历年来文科班的高考、会考成绩均不理想，安排她当班主任可以打个翻身仗。于是，学校领导分别找她谈话，但她就是不同意，甚至提出如果这样安排，她就调动工作。看来，她是下定决心不愿当文科班的班主任了。

她为什么不愿意？几位领导在与她的谈话中发现了一些线索：王老师是一位语文中级教师，正准备申报高级职称。学校的职称评定从德、能、勤、绩几个方面来衡量。前几年王老师取得了良好的教学成绩，如果担任文科班的班主任，很可能影响她评职称。因为高二年级的文理科分班是根据学生的个人意愿和学习成绩来确定的。一般来讲，文科班学生的理化成绩比较差，逻辑思维能力欠佳，学生的总体水平低于理科班。担任文科班班主任，要想取得优良的成绩确实很难。如果不能取得优良的成绩，王老师的效益奖、结构工资会受到影响，声誉会受到影响，而且，职称评定不可避免地也会受到影响。

了解到王老师的真实想法以后，学校召开了行政班子会议，将这个问题作为一个专题进行研究。会上，大家充分发表了各自的看法，最后达成了共识：学校原定的结构工资方案和效益奖方案中的某些规定欠妥，没有照顾到特殊情况，应该进行调整。学期工作结束以后，学校就结构工资方案、效益奖方案的修改问题召开了几次专题会议。在广泛征求了广大教师的意见后，学校对结构工资方案、效益奖方案进行了修改，调整了文科班的教学指标和奖励指标。开学前，学校向全体教师公布了修改后的方案。这在教师中引起了强烈反响。教师们的评价是：新方案从实际情况出发，依据实事求是的原则制定，是符合客观实际的衡量标准。该方案还有益于调动教师们的积极性，有益于学校教学工作的开展。

之后，学校有关领导再次找王老师谈话，仍要王老师担任文科班的班主任。这次王老师欣然接受，并当场表明决心，一定会克服各种困难，认真细致地做好工作，争取文科班在会考、高考中取得优异成绩，为打好文科班的翻身仗贡献力量。

思考题

1. 学校领导在让王老师担任文科班班主任一事上所采取的措施和办法合适吗？为什么？
2. 如果你是该校领导，你将如何对教师进行合理安排？
3. 请结合教育管理的相关理论，分析在安排教师工作时如何调动教师的工作积极性。
4. 请使用需求层次理论分析王老师的顾虑。

案例分析

管理者要知人善任，知人是善任的前提。在学校管理中，学校领导要合理安排使用教师，也要做到知人善任。所谓知人，不仅要了解教师的政治思想、道德品质、文化水平、工作能力、工作态度、工作效果、爱好特长、经济状况、健康状况等，也要了解教师的需要，做到"任使得法"，要尊重教师的个人意见，采用恰当的工作方法合理妥善地安排教师的工作。所谓善任，不仅包括管理者要量才使用，用其所长，而且还包括管理者要尊重教师的个人意见，在了解教师期望和要求的基础上满足教师的正当需要，妥善安排教师工作，使双方都满意，只有这样才能调动教师的积极性。

在学校管理中，对教师的合理安排不仅有助于提高教师水平，而且有利于提高教学质量；倘若安排不当，不但达不到上述目的，而且还会挫伤教师的积极性。那么，该如何对教师进行合理安排？本案例中，学校领导者对教师工作的安排不仅涉及管理者如何知人善任，而且也涉及管理者如何任使得法。

维克多·弗鲁姆提出的期望理论认为，当人们预期某种行为能带给个体某种特定的结果，而且这种结果对个体具有吸引力时，个体就倾向于采取这种行为。它包括以下三项变量或三种联系：(1) 期望或努力—绩效联系，个体感到通过一定程度的努力可以达到某种工作绩效的可能性；(2) 手段或绩效—奖赏联系，个体相信达到一定绩效水平后即可获得理想结果的程度；(3) 效价或奖赏的吸引力，从工作中可以获得的结果或奖赏对个体的重要性程度，效价主要关心的是个人的目标与需要。

因此，学校管理者在安排教师工作时就需要考虑以下几个问题：这份工作能让教师得到什么结果或奖赏？这些结果或奖赏对教师的吸引力有多大？他们的评价是积极的、消极的还是中立的？为了得到这种奖赏，教师需要采取什么样的行为？教师怎样看待这次工作机会？在衡量了自己的能力、态度等决定成败的控制变量后，他们认为自己工作成功的可能性有多大？显然，这些问题与教师个人有关，它取决于教师的态度、个性及需要。如果教师发现某项工作有吸引力，那么他的评价是积极的，他将会努力去完成这项工作；如果评价是消极的，教师则倾向于放弃这项工作。在本案例中，王老师之所以不愿当文科班的班主任，原因就在于这项工作对她而言没有吸引力，不符合她的需要，她对工作的评价是消极的，所以采取抵制态度。

弗鲁姆的期望理论提醒我们在为员工安排工作和任务时要注意以下四个方面：第一，期望理论强调报酬或奖赏，管理者需要确信组织给个体提供的奖赏正是组织成员所需要的。第二，期望理论认为没有一种普遍适用的原理能解释员工的激励问题，因此，管理者面对的压力是必须知道员工为什么会对某种结果感兴趣，而对另一种结果没有丝毫兴趣。第三，期望理论注重被期望的行为。第四，期望理论关心的是人们的知觉，而与客观实际情况无关。个体对工作绩效、奖赏、目标满足的知觉决定了他们的动机水平和努力程度。

在本案例中，王老师拒绝当文科班的班主任，根本原因是工作不符合其需要。作为学校管理者，面对这种工作压力，必须弄清楚王老师拒绝这项工作的原因。根据马斯洛的需求层次论，王老师拒绝做文科班班主任是因为学校的评职制度没有满足其安全与尊重的需要，王老师的工资受到影响，其安全需要得不到满足；声誉受到影响，其尊重需要得不到满足。学校领导面对这种情况，采取了分析原因、提出对策、采取措施的工作方法，找到了王老师拒绝这项工作的根本原因，并调整了学校教师评价考核的制度，使工作制度更趋向于公平、合理，从而调动起全体教师的工作积极性。

本案例中，我们依据弗鲁姆的期望理论对学校管理者如何激励教师进行了分析，但是学校管理者还需要注意的问题是，在这种情况下，不仅要尽可能地满足教师期望，而且还要加强师德建设。我们经常把教师誉为春蚕、蜡烛、人梯，强调教师的奉献精神，然而教师在肩负着传道、授业、解惑重任的同时，还担当着其他社会角色。在教师的需要难以满足的情况下，一些教师只能把教育工作看成一种职业，一种谋生手段。学校管理者在任用教师、安排教师工作方面，除了靠制度进行调解外，还有一种很重要的调解方式，即道德力量调解，这也是教师职业长期受到尊重的一个很重要的原因。因此，采取切实有效的手段建立道德力量调解机制，加强师德建设，提高教师的师德修养水平也是稳定师资队伍、合理安排教师工作的重要举措。

29. 该不该补发工资和奖金

案 例

　　一天下午，负责总务的钟副校长正在办公室接待客人。突然，校长办公室传出响彻楼道的吼声："我怕你不成？""工资就得补给我！否则，小心点儿！"钟副校长好不容易打发走了客人，焦急地奔向校长办公室。只见季老师与校长两人正隔着写字台相对而立，彼此紧握着拳头怒视对方。钟副校长赶紧过去，把校长扶到座位上，把季老师拉到后面的沙发上坐下，自己也找了个位置坐下。然后，他问季老师："为什么和校长吵架？"季老师仍然气冲冲的："凭什么扣我的岗位工资和奖金？"钟副校长回答说："首先，今天你和校长吵闹，影响非常不好。扣发工资和奖金是校务委员会研究决定的，为了这事开了三次会，我都参加了。扣发工资和奖金的理由是：第一，你的英语课有四次无故不到岗，学生当堂就找到了校长，事后家长又向学校反映，这给学校造成了很坏的影响。第二，你擅自收取学生的补课费，但实际上并未给学生补课，违反了学校有关收费的规定。虽然后来把钱退给了学生，但是这件事严重损坏了学校的形象。你说这钱该不该扣？"看季老师没有反驳，钟副校长因有事就先走了。临下班时，钟副校长遇到校长，又问起了此事："后来谈得怎么样？""季老师认识到了自己的错误，已经想通了。"校长说。

　　第二天校长未到学校，学校出纳员找到钟副校长："昨天晚上校长给我打电话，让我今天上午把扣发季老师的钱给补发了，并让您签字，您知道这件事情吗？"钟副校长一下愣住了："怎么回事！昨天不是说季老师想通了吗？"出纳员说："我看，季老师不是拿着刀就是提着东西去校长家了！"钟副校长说："不要乱讲，这个字我不能签，谁给补发谁签吧！"

思考题

1. 校长私自改变了校务委员会扣发季老师工资和奖金的决定,这种做法合适吗?为什么?

2. 如果你是该校校长,想要改变校务委员会的决定,你会怎么做?

3. 假如你是钟副校长,你将如何处理签字的问题?

4. 假如你是钟副校长,如何就此事与校长进行沟通?

5. 请使用教师薪酬的相关知识分析季老师该不该被扣款,又该不该补发。

案例分析

本案例不仅涉及校长的办学自主权,而且涉及校长同校务委员会的关系等问题。

在讨论本案例之前,首先需要了解校长具有哪些办学自主权。实行校长负责制意味着校长具有相应的办学自主权,就是职务、权力、责任三者的统一。为了提高学校管理水平,校长应该具有以下自主权。

第一,决策权。学校行政工作的重大问题,校长有最终决定权。校长在决策之前,可以召开各种会议,听取各方面的意见,但最后拍板的是校长。校长与副校长之间是领导与被领导的关系。

第二,指挥权。校长对外代表学校,对内统一领导、统一指挥学校的行政工作。

第三,人事权。校长有权就教职工的任用、考核、奖惩作出决定;对副校长的任免,对教职工的重大惩罚,要报上级批准。

第四,财经权。上级的拨款、学杂费留成、勤工俭学以及社会赞助等各种收入,校长有权按财经制度的规定自行安排使用。

本案例中,我们要讨论的核心问题是:校长改变校务委员会的决定这一做法是否合适?作为负责总务的副校长在面对这种情况时该怎么办?我国实行校长负责制，虽然扩大了校长的办学自主权，但是并不意味着校长可以独断专行。校长不仅要正确处理同上级领导、学校党组织、教工代表大会的关系，还要处理好同校务委员会的关系。校务委员会是由校长主持的、人数不多的、有威信的审议机构，既有"议"，还有"审"。"审"意味着在某些重大问题上，在某种程度上要影响校长的决策。虽然校长与校务委员会是领导与被领导的关系，但是校长必须充分尊重委员们的意见，使其能够协助校长作出重大决策。在本案例中，季老师无故缺课，擅自补课收费已经严重违反了学校的规章制度，针对此事，校务委员会一致通过了对季老师进行扣除工资和奖金的处罚决定。但是事后，校长迫于季老师的威胁，自行决定撤销处罚是不可取的。虽然校长在学校行政工作的重大问题、对教职工的重大奖惩等方面有最后决定权，但是校长必须充分尊重校务委员会的集体意见，要发挥它的作用，使它在学校真正享有威信。校长的这种做法虽然没有违反校长职责的相关规定，但却是不妥当的。这不仅使校长的威信下降甚至丧失，而且使作为审议机构的校务委员会丧失了威信，严重挫伤了教师的积极性和主动性，使教师丧失了对学校领导的信任，使教师感到学校领导的决定没有权威和责任感。校长不仅丧失了自己的威信，也丧失了学校领导的集体威信，这对今后工作的开展是非常不利的。

乔瑟夫·J·马尔托奇奥将全面薪酬（Total Compensation）体系划分为"外部薪酬"和"内部薪酬"。外部薪酬包括货币形式的基本工资、生活成本调整、绩效工资、奖金等和医疗养老保险、带薪休假和服务等非货币回报。外部薪酬作为经济性的薪酬，是员工薪酬的基础，它涉及员工的工作岗位、资历以及政府对某行业的重视等，会直接对人才的吸引和保留产生影响。案例中季老师被扣除的是外部薪酬中的基本工资和奖金，原因在于其违反学校规定，学校有权依照制度规定扣除其工资。但是教师的工资又是其生活保障的主要来源，按照需求层次理论的观点，扣除工资后，季老师的安全需求在一定程度上得不到满足，故而采取了较为极端的方式威胁校长。

本案例中还有一个问题需要讨论，作为负责总务的钟副校长面对这种情况该怎么办？副校长是学校领导班子成员，在学校领导班子中发挥着承上启下的作用，是学校管理团队的重要成员，是具体工作的得力推行者，是决策偏颇时的及时匡正者，是特殊情况的及时处理者。当好副校长，有大局观是基本要求，副校长要以学校的建设发展为大局，将个人融入学校发展的大局中。副校长该如何处理与校长的关系呢？作为副校长要有这样四种意识：

第一，服从意识。即服从校长、服从大局、服从学校的事业规划。需要注意的是，副校长对校长的决策有不同意见时，可以保留意见，服从并不是无原则的唯唯诺诺，要有争论、有补充、有校正、有发展。

第二，分工意识。副校长要善于协商，在坚持自己正确意见的基础上学会妥协，这种妥协是符合学校和教职员工根本利益的。要有补台意识，校长工作的失误会损害学校的利益和学校成员的利益，当校长出现失误时，副校长要尽力协助挽救，努力补台，主动分担责任，而不是推卸责任甚至火上浇油。

第三，绿叶意识。校长是学校的核心，副校长应该紧紧围绕这个核心，维护校长的权力和核心地位，把配合、协助校长做好工作作为自己的主体意识，只有这样才能形成团结、统一、稳定、和谐的上下级关系。

第四，承担意识。承担意识是副校长角色的职责要求。

此外，作为负责学校总务工作的副校长，责任重大。教职工工资、奖金、福利等发放工作是学校总务工作的重要方面，学校的总务工作者必须按规定统一管理学校全部现金收支，严格审查和执行奖金制度，加强财务监督，维护财经纪律。学校的总务工作在学校管理中的重要意义是不言而喻的，管理好总务工作不仅有利于为教学提供良好的物质保证，有利于促进学生的全面和谐发展，而且有利于调动教职员工的积极性。本案例中，钟副校长在化解校长与季老师的矛盾时所采取的方式是可取的，他没有在补发工资的单子上签字也是有一定考虑的。从学校大局这个角度来看，校长工作的失误可能会造成校长和整个领导集体威信的下降，钟副校长在这种情况下应该与校长进行沟通，努力补台，寻求事情的有效解决方法。

30. "情书"引发的争论

案 例

某校教师C老师，担任四年级某班班主任和语文老师，平时对待工作认真负责，管理班级也很有方法。小Z是这个班的一名学生，淘气、顽劣、上课不认真听讲、经常做小动作、与其他同学交谈，影响他人学习，扰乱班级课堂秩序，令各科老师都非常头疼。C老师多次跟学生家长联系反映情况，但由于家长过分溺爱孩子，对老师的反映不予理睬和配合。C老师为了能够帮助小Z，经常找他谈话，指出他做得不太合适的地方，并制定措施帮助他改正，但是由于得不到家长的配合，收效甚微。

有一次，C老师发现这个学生给同班一名女学生写的所谓的"情书"，一气之下，把小Z调到了这名女生的旁边，引得全班学生哄堂大笑，并对他们指指点点。这一举动，让小Z非常难堪，第二天他就没来上学。开始C老师以为小Z生病了，就没太在意。可是他一连三天没有上学，C老师就往他们家打电话询问，小Z的妈妈很生气地说C老师严重挫伤了孩子的自尊心，使小Z不愿上学，并扬言要到学校向上级领导反映这件事。

发生了这样的事，学校自然很快就知道了。学校领导对此事非常重视，迅速组织人员对此事进行调查落实。C老师认为在这件事情上自己很委屈，所以和学校也很不配合。她认为：小Z的学习情况学校很早就知道，但一直没有一个很好的解决办法，现在出现了这种事情，学校把责任全推在自己身上，这样的做法很不公平。之后，由于与政教主任交流这件事时情绪非常激动，她一气之下愤然离开学校，想以此来表达自己对学校处理这件事情的不满。学校一方面安排其他老师来代替她的班主任工作和语文教学工作，另一方面，校长在发生这件事情两天后与她联系，约好面谈的时间。经过校长与她的多次交谈，C老师的态度从与学校对立到最终与学校达成一致，主动向小Z和他的家长道歉并在全校教师的面前谈对这件事情的认识。通过这件事情的处理，学校明确向全体教师表示，出了问题并不可怕，可怕的是出了问题以后教师个人不与学校合作，弄成这种局面学校很不好处理，也很被动，同时对教师个人的发展也很不利。

这件事情似乎就这样过去了，但在学校教师中产生了一些议论。有的教师认为：这样处理似乎对C老师有些过分，老师的权利谁来维护？有的教师认为：学校这样处理，也是为了维护学校的利益。因为这件事情一旦闹大，对学校的声誉也有很大的影响，学校的声誉不好，会直接影响学校的生源和教师的待遇。还有教师认为：以后真不知道该怎样处理学生的问题，如果处理过轻，如蜻蜓点水，对学生没有任何触动，达不到应有的效果；而处理过重，学生家长就会告你有师德问题，真不知道该如何把握好尺度。

（李常颖）

思考题

1. 你认为学校对于C老师和小Z的处理是否合适？为什么？
2. 如果你是C老师，将怎样对待像小Z这样的学生？
3. 如果你是学校领导，将怎样就此事与C老师进行沟通，并作出处理？
4. 请使用师德的相关知识分析C老师的做法。

案例分析

管好学校，校长是中心人物；教好学生，教师是中心人物。教师既是管理者，又是被管理者，对学生来说，教师是最主要的管理者、教育者。而学校领导在管理活动中要把主要精力放在教师身上。本案例不仅涉及教师对学生的管理，也涉及学校对教师的管理。校长如何做好教师工作，教师如何做好学生工作，关系到学校教育的质量和声誉，因此教师管理和学生管理是中小学管理中最重要的组成部分。

本案例包含了 C 老师对小 Z 的处理和学校对 C 老师的处理两个主要问题。我们首先要对 C 老师对小 Z 的处理进行分析。

教师职业道德或师德，是教师在从事教育活动中所遵循的行为准则和必备的道德，主要包含爱国守法、爱岗敬业、关爱学生、教书育人、为人师表、终身学习等六大内容。学生是学校和教师教育和管理的对象，教师对学生的管理是否得法，是否符合学生身心发展的特点，将直接影响教育质量和人才的培养。学校教师对学生进行管理的目的是使学生具有良好的学习习惯、生活习惯和行为习惯，使学生愉快学习、健康成长，对各种不良倾向能自觉抵制。要做到这一点，教师必须加强班级常规管理，对学生既要善于管又要善于放，用正确的评价标准评价学生，而不能给学生定性，并对一些特殊情况防患于未然。

在本案例中，小 Z 是班级中比较淘气的学生，C 老师经常找他谈话并帮助他改正做的不合适的地方，出发点是好的。针对小 Z 给同班女生写"情书"这件事情，C 老师的做法是不可取的，这种做法对学生的自尊心产生了不良影响。首先，C 老师对于小 Z 的"情书"没有展开深入的调查就草率地用调座位的方法进行处理，导致了小 Z 的难堪，没有做到从心理上关爱学生，对学生的身心发展规律了解不深入，青少年正处于身体和心智发展的关键时期，他们的身体发育还未完全成熟。世界观、人生观还未完全形成，出现这种情况可能是出于对异性的好奇和好感，C 老师应该细心观察，赢得小 Z 的信任，然后进行具体帮助，引导他恢复常态。

其次，当 C 老师发现小 Z 第二天没上学的时候没有引起足够的重视，直到小 Z 连续三天未上学才打电话询问家长，这种做法本身就是违反师德规范，在爱岗敬业和关爱学生两个方面都存在不足。面对这种情况，C 老师不应该采取听之任之的办法，应该用更加慎重的态度对待小 Z，密切关注其心理变化，防微杜渐，对其进行正确的引导，在适当的情况下，积极寻求家长的支持，与家长一起做好学生的思想工作。最后，对教师来讲，如何与家长和学生进行有效的沟通也需要在学生管理的实践中不断积累经验，教师对学生的引导和帮助对学生今后的发展也将产生深刻的影响。因此，作为教师不能凭借自己的主观判断做出不符合学生管理规律规范的行为，而应本着为学生负责的态度对其进行管理和教育，严格遵守师德规范。

在对C老师对小Z的处理进行分析之后，回到本案例要讨论的核心问题，即学校对C老师的处理是否合适。教师辛勤地付出，除了要求得到合理的薪酬所得以外，最希望得到的回报是自己的工作业绩得到领导、师生和社会的认可。这也是教师这一职业需要获得尊重的需要。教师自尊心强，工作上希望得到领导的肯定和支持，以此满足精神上的需求。作为学校领导者，正可以利用这种心理特点来帮助教师克服缺点，帮助的方式就是同教师谈心、交朋友。如果教师把学校领导当成了知心朋友，就会把领导的批评看成是真诚的帮助。采用点名批评等公开批评的方式，会对教师的自尊心产生不良的影响，也不可能收到任何好的管理效果。而对于个别教师的违法违纪行为，应该进行严肃的批评和必要的处理，不能姑息迁就，但是对于教师管理学生不当的问题，应耐心帮助，而不宜采取公开批评指责的方式。

在本案例中，C老师对于小Z"情书"问题的处理造成了对小Z自尊心的伤害，这种管理学生的方式是不恰当的。学校面对C老师的这一管理行为，采取了谈心的方式，使C老师扭转与学校的对立情绪，并认识到自己做得不合理的地方，校长这种缓冲处理的方式从教育管理的角度来看是可取的。但是学校又要求C老师在全校教师面前谈对这件事情的认识，并且学校以C老师的这件事作为案例，向全校教师表明学校对待教师问题的态度，这种做法是不可取的。

校长对C老师的处理，表面上来看解决了教师与学生、家长之间的矛盾，但实际上却引发了其他教师对教师管理的不同看法和意见，增加了教师工作的负面情绪，也不利于教师更好地对学生进行管理。这种处理方式也并没有对学生教育起到明显的作用，反而使C老师的自尊心受到伤害，挫伤教师工作的积极性和热情。

第四辑

德育管理

31. 如此处理考试作弊行吗

案 例

某校为提升教学质量，在校风建设中狠抓考风考纪，针对考试建立了一套规章制度。其中对考试中违纪的学生的处理规定如下：

1. 凡有下列情形者，扣除该科目所得分数的40%，并通报批评：携带规定以外物品进入考场；在考场内大声喧哗、影响考场秩序；不按指定座位入座；提前交卷后逗留考场外，影响其他同学考试，经劝阻不改者。

2. 凡有下列情形者，该科成绩以零分计算，并视情节轻重分别给予警告、记过处分：交头接耳，互打手势暗号；偷看他人试卷；夹带书本、纸条；互对答案，交换答案；有意将试卷让别人抄袭；评卷时被判为雷同试卷。

3. 凡在考前进入老师办公室或油印室偷窃试卷，考后进入办公室涂改试卷答案或成绩者，该科成绩以零分计算，并视情节轻重给予严重警告及以上处分。

4. 凡在考试过程中阻碍监考老师执行公务，威胁监考老师人身安全，或公然侮辱、诽谤、谩骂监考老师者，视情节轻重给予严重警告及以上处分。

5. 多科或多次考试作弊屡教不改者，在上述1—4条条款基础上，加重处分，直至退学。

每次考试，监考老师严格执"法"，因考试作弊受到处分的学生每个年级多达十几人。在实行这一规定的两年里，因二次作弊而被勒令退学者有3人。

在一次学校行政会议上，教务处主任提到，近些年虽然狠抓考风考纪建设工作，但学生考试作弊现象仍不断发生，其原因在于对考试作弊的处理没有起到应有的威慑作用。针对这种情况，教务处主任提出以下建议：(1)每次考前与全体学生签订《考试诚信书》；(2)扣除作弊者所在班级的评比分数；(3)对作弊者勒令其退学或开除，以达到杜绝考试作弊现象的目的。学校行政会采纳了这个建议，并通过张贴公告、国旗下的讲话、校园广播、班会等形式宣传新规定。

在实施新规定后的第一次考试中有一名学生作弊，监考老师将其试卷收上去并让该生离开考场，该生破口大骂，甚至拿起凳子要砸监考老师。学校给予了该生退学处分。处分公告贴出后，该生后悔莫及，请求给予改过的机会。学生家长也来校请求宽恕，甚至到处找人说情，但终因学校明文规定无法更改，该生最终被退学。当问及该生明知作弊后果严重为何还要作弊时，该生说：我在"告别网吧"的倡议书上也签过名，但还是照样进出网吧，也没有受到什么处分。在《考试诚信书》上签名跟"告别网吧"倡议书上签名一样，只不过是形式，何必当真？再说考试时还存有侥幸心理，觉得不会被老师发现。

从此，连续几次月考和期末考都没有出现因考试作弊而被处理的事。这是"从重处分"发挥了威慑作用从而杜绝考试作弊现象了吗？回答是否定的。该校老师说：假如教师与学生发生冲突，局面难以控制，那么事态的发展极有可能对教师不利，因为我国《教师法》是下位法，法律效力低于《未成年人保护法》。

因此，监考老师在决定给作弊学生何种处分时就会考虑到两个问题：第一，如果自己被处理，生存将受到影响；第二，班主任老师为了班级评比分数会替作弊的学生求情，不好意思回绝。权衡之后，监考老师对抄袭纸条等作弊现象就会采取没收纸条或口头警告等措施来处理。这种处理办法并不能起到相应的作用，因此，作弊现象依然如故。

（须杏华）

思考题

1. 在学校管理中，校风建设的意义表现在哪些方面？
2. 校风建设包括哪些内容？
3. 案例中针对考试作弊现象而制定的规定合理吗？为什么？
4. 案例中对作弊学生所作的处理合理吗？为什么？

5. 如果你是校长，要真正杜绝考试中的作弊现象，你认为采取什么措施比较有效？

案例分析

建设良好的校风是学校深化教育教学改革、实施素质教育、全面提高教育质量和办学效益的前提。

校风是具有鲜明个性特征的学校道德风貌，对学生的思想品德、道德情操、行为习惯和身心素质会产生直接而深远的影响。因此，建设良好校风是办好学校的重要环节。而且，校风的好坏直接影响学校的声誉和生源质量。因此，建设良好的校风不仅是社会主义精神文明建设的需要，更是学校的立校之本。良好的校风是巨大的精神力量，对师生具有感染熏陶作用、潜移默化的同化作用、激励向上的促进作用和维护秩序的约束作用。

建设良好的校风是学校培养高素质人才的重要环节，是教职工持之以恒、通力协作的整体工程，是学校管理的基础工程。

基于以上，案例中的学校注重校风建设是正确的。因为好的校风可以为教学科研等提供一个有利的环境，使工作达到事半功倍的效果。但是校风建设是一个多层次、多要素的动态系统结构，它包含多个方面：一是个体作风系统，有学生的学风、教师的教风、学校领导的作风；二是组织作风系统，有班级的班风、年段的段风、教研组的组风等；三是作风品格系统，有政治思想、职业道德、求知精神、为人品质、业务气氛、校容校貌等。这些共同构成一个有机的整体，只有它们齐头并进才能取得好的效果。所以学校不仅要注重学风考风的建设，也要注重其他方面的建设。

案例中对考风建设的处理措施有待商榷。针对考试作弊的学生，学校制定了一系列严格的惩罚措施，但是这些措施的目的只是为了起到威慑作用，所以只能治标而不能治本，作弊现象依然不断。纵然惩罚措施再严厉，还是会有不少学生抱着侥幸心理，认为监考老师不会发现自己的作弊行为，那些惩罚也不会落在自己身上。这个问题在短期内是可以克服的，比如执行管理规章中，"过程从严"比"处理从重"更重要。在考试中，监考的质量是不可预知的，它取决于监考老师的态度和责任心。"处理从重"的威慑性必须以"违者必纠"为前提，只有当作弊者无一漏网地被"揪"出来，再给以从重处理时，其威慑作用才能发挥出来。案例中，由于监考老师对"处理从重"不认同，在执行中"不纠"，利箭高悬而无靶，导致考风恶化，学风下滑。

学校在处理作弊学生时，"扣除作弊者所在班级的评比分数"这一规定也不合理。由于个人的错误而惩罚了集体，惩罚的效力就降低了。学生所在集体要维护集体利益必然会采取向监考老师说情等手段，这就使得学校制定的规章制度不能很好地执行。另外，对学生个人的处理也过于严厉。学校教育就是为了学生的发展，发现错误要帮助其改正才对，如果只是粗暴地勒令学生退学，不仅不能解决问题，反而使学生产生心理阴影，使问题恶化。如果每个学校都采取类似的措施，那么学校存在的意义何在？

总之，这些措施归根到底都不能解决实际问题。要从根本上解决考风问题，首先要加强学生的诚信教育。作为教育工作者，要相信教育的力量，绝不能因为社会上存在违规现象就放弃对学生的教育，要引导学生作历史分析，全面比较，树立正确的是非观念，作出自己的判断与选择。北京市第二十二中的数学特级教师孙维刚说："作为一个中学老师，面对流俗，我是苍白无力的，我无法左右社会上的大气候，但可以构建自己的小气候。"是啊，如果每个教师都构建好自己的小气候，社会上的大气候不就可以改变了吗？可是，优秀校风的形成不是一朝一夕的事情，需要有一个教育培养、继承发展和反复实践的过程。由于各校条件和特点不同，其做法也各有不同，不过，有一些共同点，大致如下：

首先，提出目标，反复实践。校风目标是学校管理总目标的一部分，不能脱离总目标另立门户。目标的制定可依据以下两点：一是党和国家对教育工作的要求；二是从本校实际出发，能够反映本校办学特色和先进性。最重要的是，目标一定要有指引方向的作用，又是经过努力可以达到的。

其次，领导示范，骨干先行。领导者的言行和威信是推动校风建设的强大力量。领导者除了计划、决策以外，还要带领和指导师生去落实。在校风建设中，如果领导者对那些自己倡导的事情、要求师生做到的事情能言传身教，从自己做起，从小事做起，师生们会看在眼里，记在心上，从而产生仿效和激励作用。领导者主要是通过骨干带领群众做事情的，骨干的影响力可以由点扩展到面，这种由少发展到多的过程是校风建设的必由之路。

再次，创设情境，变换形式。领导者不但要创造条件，而且要讲求形式，只有这样才能形成规模、营造气氛、产生情境，从而促进每项教育活动的成功。学生具有热情奔放、容易激动的特点，如果有些活动能举行隆重的仪式，安排动人的演说，就会使学生深受鼓舞，给学生留下难忘的印象。同时，我们不应当翻来覆去地举办同一活动，而应不断变换形式，每次都赋予活动新鲜活泼的内容。另外，领导者不仅要抓好开端，还要不断检查中间环节。只有走上步，看下步，步步深入，反复训练，才能形成习惯。

最后，讲究实效，持之以恒。优良校风的培养，要经过认识的提高、情感的体验、意志的磨练和行动的锻炼。培养校风的目的不单单是形成一种健康的风气，引导一种正确的舆论，更重要的是使之成为一种教育力量，促进教育目的的实现。所以学校必须自始至终注重实效，不能总是热衷于搞形式而不讲效益。

32. "校园欺凌"何时休

案 例

身为 Z 中学初一某班的辅导员，郭老师每周一或周五会利用班会或体育课的时间给同学们开展一些主题班会或实践活动。一次，为了避免连续几周在室内活动使同学们感觉枯燥，郭老师决定下周的活动课和体育课放在一起，开展户外活动。在游戏开始前，需要大家十人一组手拉手围成一个圈，就在这时郭老师发现跟小 L 临近的几个同学都不愿拉他的手，起初她以为是男女生之间不好意思所以不拉，但发现另一边同性也有这样的反应，同伴不仅不拉而且带有嫌弃和嘲笑的感觉。为了避免让小 L 尴尬，郭老师趁着大家都还没太在意就赶紧站在他们这队，在小 L 和他的同伴中间拉着他们的手。

还有一次，在"我是小小科学家"的主题班会上，郭老师将全班分了组并布置了下节课的任务，每个组准备一个小实验或小发明在下节课展示并给大家分享实验原理或发明心得。在小组展示的时候，小 L 作为代表给大家展示，虽然中间出现了一点小插曲但最终还是很成功地展示给了大家。就在临下课前，要给每个组颁发鼓励奖，小 L 很高兴地上来领奖，就在这时她注意到有几名同学又用异样的眼光打量着小 L，并说一些难听的话（比较小声）。

起初，这些事并没有引起郭老师的特别注意，她觉得同学间就这样，开玩笑、打闹很正常。但一次偶然的聊天，郭老师告知小 L 她正在作一个针对校园欺凌的研究，小 L 的回答让她出乎意料，小 L 说："那你问我吧，我天天被欺凌……"

原来，小 L 从读初中开始就因为说话"娘娘腔"以及体型微胖被班上的几个同学欺凌。这样的行为不是偶尔的而是经常性的，至少已经持续了半学期。有言语上的辱骂、嘲笑以及肢体上的欺凌行为。这样的行为对小 L 的学习和生活造成了极大的困扰，使他不仅产生情绪低落、愤怒、厌恶等负面情绪，而且经常产生想要躲避这一切的心理。而小 L 尝试给父母诉说在学校受到欺凌的时候，总是会收到不尽如人意的答案，甚至是"打你就冲上去跟他们干，干不赢不许回家"。

（郭润）

思考题

1. 你如何看待网络上频频爆出的"校园欺凌"事件？
2. 如果你是郭老师，在确认小 L 受到欺凌后，接下来会怎么办？
3. 你认为"校园欺凌"行为发生的原因有哪些？
4. 面对小 L 的诉说，其父母的做法是否值得借鉴？
5. 针对如何减少"校园欺凌"行为，你有什么好的建议或者做法？

案例分析

校园欺凌是世界各国中小学校园中普遍存在的现象。近年来，我国中小学校园欺凌现象也日趋严重。中国青少年研究中心 2015 年的调查显示，中小学生中经常受欺凌的占到 6.1%，偶尔受欺凌的占到 32.5%。许多中小学生因为遭受欺凌而出现情绪抑郁、焦虑、失眠、学习成绩下降、逃学等现象，严重者会出现自残，甚至自杀现象，严重影响了中小学生的身心健康发展。具体来说，校园欺凌对欺凌者、受欺凌者甚至是旁观者的心理都会产生不良的影响。校园欺凌会夺去中小学生年少时的快乐时光，带给受欺凌者终生的心灵创伤，可能会导致中小学生形成错误的人生观和世界观。

案例中，小 L 因为自身个性发展的特点而受到班级同学的欺凌，情况较为严重，使他产生了消极情绪。然而，尽管郭老师已经注意到班级同学偶尔对小 L 的嘲讽、排挤，但却没有给予充分的重视，认为那只是同学之间的玩笑和恶作剧，从而使小 L 受欺凌的处境持续下去。教师的"不重视"，一方面，反映出校园欺凌行为具有一定的隐蔽性和模糊性，教师很难准确界定和判断，一些程度轻的校园欺凌会被视为正常的小打小闹，教师和家长的忽视也间接助长了校园欺凌行为的发展。另一方面，也反映出学校德育工作的缺失，教师的责任意识和学生的心理健康等都是校园欺凌行为的重要影响因素，不可重智育轻德育。

当然，中小学校园欺凌现象的发生既有社会方面的外部原因，也有个体方面的内部原因。从根本上来说，校园欺凌虽然是多种因素综合作用的结果，但与社会各界的认识、家庭互动的模式以及中小学生内在心理因素有较大关系。案例中，小L父母的做法显然是不可取的，小L不仅无法体会到家庭给予的温暖和安全感，而且有可能习得错误甚至极端的解决办法。相反，小L的父母应与郭老师或班主任及时建立有效沟通，确认是否存在校园欺凌行为。同时，应与学校合力解决问题，首先要为小L提供有力的社会支持系统，帮助他进行情绪疏导，增强自信心，克服内心的恐惧。其次要加强对欺凌者以及全体学生的德育教育，帮助他们掌握积极的人际交往方式，了解校园欺凌行为的严重性与危害性，懂得尊重他人、平等对待他人。

从宏观的角度来说，减少校园欺凌行为，社会与政府责无旁贷。2016年4月发布的《关于开展校园欺凌专项治理的通知》（下简称《通知》）是针对学生欺凌进行治理的第一个文件，也是在国家层面首次将学生欺凌治理作为一个专门问题来对待。《通知》以国务院教育督导委员会办公室的名义向地方教育部门下发，其目的是"通过专项治理，加强法制教育，严肃校规校纪，规范学生行为，促进学生身心健康，建设平安校园、和谐校园"。治理范围则是"全国中小学校（含中等职业学校）"。《通知》所要求的专项治理分为两个实施阶段，第一个阶段的治理提出了六方面的要求：(1)开展教育；(2)完善制度；(3)加强预防；(4)及时处理；(5)监督指导；(6)组织部署。专项治理第二个阶段的重心则是要求各地各校对第一阶段的专题教育情况、规章制度完善情况、加强预防工作情况、校园欺凌事件发生和处理情况等，进行全面自查、督查和总结，形成报告并逐级上报，同时要求开展学校自查、县级普查、市级复查、省级抽查以巩固治理效果。

与2016年4月所发布的《通知》不同的是，同年11月发布的《关于防治中小学生欺凌和暴力的指导意见》（下简称《指导意见》）从"积极有效预防学生欺凌和暴力"、"依法依规处置学生欺凌和暴力事件"、"切实形成防治学生欺凌和暴力的工作合力"三个方面对防治中小学生欺凌和暴力提出了更加专业、细致、针对性和可操作性强的要求。学生欺凌和暴力问题是各国普遍面临的共同难题，各国也均有其防治的做法和经验。综观《指导意见》的内容，体现了从现行法律、政策与实际出发，明确各方职责，综合防治的基本思路。遵循这一思路，可以将《指导意见》的核心内容概括为以下几个方面。

一是建立政府统一领导、相关部门齐抓共管、学校家庭社会三位一体的防治工作机制。

二是学生不是防治的对象而是主体，应当增强学生对欺凌与暴力的免疫力。

三是家长在防治学生欺凌与暴力中有不可推卸的责任。

四是中小学校要建立防治学生欺凌和暴力的工作制度，并将其纳入学校安全工作统筹考虑，作为加强平安文明校园建设的重要内容。《指导意见》对于中小学校在防治学生欺凌和暴力中的责任作出了较为具体的要求，其要点如下：（1）明确了责任主体——校长是学校防治学生欺凌和暴力的第一责任人，分管法治教育的副校长和班主任是直接责任人。（2）要求健全应急处置预案，建立早期预警、事中处理及事后干预等机制。（3）要求积极有效预防学生欺凌和暴力，认真开展预防学生欺凌和暴力专题教育。（4）要求研制学校防治学生欺凌和暴力指导手册，全面加强针对教职工特别是班主任的专题培训，提高教职工有效防治学生欺凌和暴力的责任意识和能力，充分调动全体教职工的积极性，明确相关岗位职责，将学校防治学生欺凌和暴力的各项工作落实到每一个环节。（5）建立中小学生欺凌和暴力事件及时报告制度。发现学生遭受欺凌和暴力，学校和家长要及时相互通知，对严重的欺凌和暴力事件，要向上级教育主管部门报告，并迅速联络公安机关介入处置。（6）依法依规处置学生欺凌和暴力事件，对实施欺凌和暴力的学生及时采取批评教育、警示谈话，将表现记入学生综合素质评价档案，直至转入专门学校等措施。（7）要求对当事学生实施科学有效的追踪辅导，在欺凌和暴力事件妥善处置后，要持续对当事人（包括对实施欺凌和暴力的学生、遭受欺凌和暴力的学生及其家人）进行追踪观察和辅导教育。

五是各级综治组织要强化学校周边综合治理。

六是公安机关要加强校园警务工作。

七是各相关部门要建立配套衔接机制，依法依规处置学生欺凌和暴力事件。

八是媒体要避免过度渲染报道学生欺凌和暴力事件细节。

学生欺凌问题的发生原因是综合性的，绝非学校一家之因，其防治也非学校一家之责。保护未成年学生是全社会的共同责任，只有包括学生、家长在内的各相关部门与主体的共同参与、通力协作、标本兼治，才能有效解决学生欺凌和暴力这一世界各国共同面对的难题。

33. 如何关爱离异家庭的学生

案 例

在"以人为本,构建和谐校园"的教育方针指导下,M校决心使每个学生都能在生动活泼的校园环境中得到发展。实现这种发展需要宽松、和谐、支持性的环境。由于种种原因,M校父母离异的孩子特别多。据不完全统计,此类学生占全校学生总数的26.7%,他们尤其需要教师的关爱。

新学期开始,刘老师被委任担当初一某班的班主任。上任不久,刘老师就发现班级里有一个新生A和别的孩子不一样。她沉默寡言,性格孤僻,课间总是躲在角落里,上课也不愿发言,平时基本不和同学交流,行为较为散漫。为什么阳光般的年龄会如此默然呢?带着这个问题,刘老师决定去家访,希望能够找到答案。

通过走访,刘老师了解到,A在3岁时,父母离异,她跟着父亲过。父亲没有固定工作,经常在家酗酒、打麻将,很多家务活都得她干,而且父亲一不顺心就打她。在学校里,她总觉得老师和同学都歧视她,对她很冷淡,因而产生了非常严重的自卑心理,不愿和人交往,胆小,时间长了,她就成了班上的后进生。

刘老师决定以行动去温暖她,唤起她的自信,消除她的自卑心理。刘老师知道,她一个人的努力是远远不够的,还需要她的家庭以及全体同学的协助、配合。为此,刘老师制定了以下方案并予以实施:

1. 教师从自我做起。

首先,刘老师经常找机会在排队回班的时候和A拉着手一起走,谈她家里的事、同学的事,谈她喜欢读的书等,并告诉她衣着要整齐,自己的事情自己要做好。刘老师还经常为A补课,课堂上简单的问题先让她回答,答对了，及时表扬。为了调动她的学习积极性，刘老师在班里组织了朗读比赛，并帮她选了一篇课文，然后指导她朗读。比赛时 A 发挥得非常好，获得了一等奖，她笑得很开心。当时，刘老师对她说："你和其他同学一样聪明，你落后的原因是缺少赶上其他同学的勇气。"她点了点头。慢慢地，A 变了，她开始自觉学习，各项活动也都积极参加。刘老师看她身体素质比较好，推荐她加入了学校的田径队。运动会上，她为班级争得了荣誉，脸上洋溢着成功的喜悦。

2. 发挥集体的力量。

刘老师常对学生说，我们这个班就是一个特殊的家，在这个家里，先进的要帮助后进的，不管谁有了困难，我们都要去帮助。与其他同学相比，A 缺少母爱，所以要让她体会到老师的关爱、同学的友爱。刘老师经常耐心地教育其他学生要关心 A，还为她开展了献爱心活动。同学们经常把自己的零花钱积攒起来，为 A 购买学习用具。学习好的学生经常和她一起复习功课，慢慢地，她的学习成绩也变好了。A 要过生日了，刘老师为她买来了生日蛋糕，同学们为她准备了小礼物。被同学们围在中间的她，露出了笑容，笑得那么幸福。

3. 协调好离异父母和孩子的关系。

家庭解体使孩子的心理受到沉重打击。教师要让离异的父母知道，在他们追求幸福的同时，应该情系儿女，让孩子健康成长。刘老师请来 A 的爸爸妈妈参加"我爱爸爸妈妈"的主题班会，并对他们说，虽然他们夫妻关系解除了，但仍要担负起教育孩子的责任。从那以后，每次 A 的妈妈来接她时都询问她的学习情况，并教育她要养成良好的学习、生活习惯。更令人高兴的是 A 的父母在对她的教育问题上达成了一致认识。

通过这一系列措施，A 渐渐地变了，性格开朗了，学习成绩也上来了，特别是和同学们的关系得到了明显改善。

（汪晋丰）

思考题

1. "学生为本"的理念在具体实践中要如何落实？
2. "爱生学校"的意义何在？
3. 案例中刘老师的做法对我们有何启示？
4. 校长应如何激励老师们去关爱学生？

案例分析

我们一向都提倡教育要以人为本，北京师范大学王策三教授在1983年明确提出了"以教师为主导，以学生为主体"的教育思想，但是由于主客观方面的原因，很多学校并没有真正遵循这一教育理念，不能很好地照顾到每一个学生的利益，不能做到真正关爱每一个学生。中国教育学会名誉会长、教育界泰斗顾明远先生提出"没有爱就没有教育"，一味注重学校的教学成绩而忽略对学生进行"爱的教育"，不仅有违学校的办学宗旨，而且背离了教育的根本目的。从本质上说，校长追求个人业绩和实现教育宗旨这两方面并不矛盾，如果学校的教职工都能像本案例中的刘老师一样切实关注每个学生的成长，真正做到"以学生为本"，学校的办学质量自然会显著提高，校长自然也功不可没。

2001年，联合国提出构建的"爱生学校"被引入中国，该项目呼吁学校中的师生关系应该是这样的：师生之间平等对话；教师需要及时发现学生存在的问题；教师对待学生应该充满爱心而且要热心；教师应该公平地对待学生，无论学生的外貌、民族、性别、性格如何；更重要的是，教师应该真诚地关爱每一个学生。本案例中的刘老师很好地实践了这些理念，让学生真正从学校、从学习中获得了关爱，得到了成长。对于这种行为，校长一定要给予肯定和奖励，奖励优秀教师有利于调动其他教职工的积极性，激励他们向模范学习，使学校形成浓郁的"爱生"氛围。

那么，该怎样对教师进行激励呢？根据美国社会心理学家麦克利兰的成就需要理论，校长要及时利用先进典型，感染和教育教师提高思想认识，矫正行为，做好本职工作。教师学习的榜样大致有三种类型：（1）社会上树立的英雄模范和先进人物。这类榜样距离教师比较远，往往只能通过媒体了解一下，影响不太大；（2）顶头上司的榜样。这种直观的典型对教师影响较大，比如一个学校的校长就可以成为本校教师的榜样，校长要求教师做到的，自己必须做到，并且一定要比教师做得更好，尤其在一些敏感问题上，诸如晋级、评职称、奖金分配等。只有在教师心目中树立起良好的形象，才能成为教师言行的表率；（3）身边的优秀教师典型。这种榜样来自一线教师，可信度高，可学性强。培养和树立这样的先进人物，可以形成以点带面的局面，有利于工作的开展。本案例中的刘老师就属于第三种类型的榜样，如果校长抓住时机合理进行激励，会对学校日后的工作开展产生积极影响。

不过实行榜样激励的时候也要注意三个问题：（1）培养和宣传榜样要实事求是，入情入理，生动具体，不要随意拔高；（2）要用榜样去带动和教育群众，把榜样的先进思想和经验及时转化为思想成果和教育工作效益，形成一马当先、万马奔腾的局面；（3）激励方法要得当，一是要讲求时机，二是要适量激励。在激励时注意到这几个方面才能使榜样发挥其积极作用，否则有可能适得其反。假如校长错过了激励的时机，没有适时给优秀教师以表扬和奖励，不仅对该教师不公，而且也达不到激励其他教师的效果。一般来说，应该在每个学期末或学年末进行评定和表彰工作。

就刘老师的事迹来说，校长可以挖掘以下教育点：教师要从思想上帮助学生克服心理障碍，尽力发掘学生的"闪光点"，给学生创造"成功"的机会。在学生进步时，要鼓励他们懂得做人应当有志气，应当靠自己的努力去增强自尊心、自信心。人们常把家庭教育比喻成树根，树根茁壮，枝叶才能繁茂，才能开花结果。教师要积极做好离异家长的工作，帮助家长们正确处理特殊的人际关系，调动家长的积极性，通力合作，这样才能使孩子健康成长。一切好的教育方法都来自教师对学生无比关怀的心灵和实践之中。让爱唤起每个学生，尤其是那些父母离异的学生。让学生们永远向着阳光奔跑是教师责无旁贷的责任。

作为教师，要懂得珍爱每一个幼小的生命，懂得"爱"对于生命的独特价值，并且善于用"爱"去开发儿童的潜能，善于将爱洒进每个孩子的心田。那么，这个爱是什么？这个爱是一种理解，一种信任，一种宽容，一种尊重，一种鞭策，一种激情。这个爱更是一种心灵的碰撞及交流，是一种能触及灵魂的、动人心魄的教育过程。如果教育未能触动人的灵魂，无法引起人的共鸣，不能震撼人的情感，那就不是成功的教育。

作为学校的领导者，要把这些方面及时向全校教职工宣传，这样才能帮助全体教职工共同进步，才能使学校工作迈上一个新台阶。除了榜样的作用之外，还有很多途径可以帮助学校开展德育工作。可以利用艺术的手段，比如组织师生观看一些先进的影片，通过艺术来陶冶师生情操，树立学校道德风尚。

34. 学校该不该实行封闭式管理

案 例

P校是一所处于市区的职业中专学校。经过全校教职工的共同努力，学校的教学秩序井然，学生的行为习惯良好，学校被评为省重点职业中专学校。近几年，随着社会开放程度的不断提高，学生从外界接受的新鲜事物越来越多。由于职业学校学生的课业负担较轻，课余时间充足，同时P校周边环境不理想，各种"室"、"厅"、"店"、"吧"等包围着学校，再加上对面是学生管理较薄弱的技校，所以，午间和下午放学后在学校周围这些场所经常可以看到P校的学生，部分学生甚至与技校的学生结成小团伙，做出打架、敲诈等违纪、违法行为，给附近的社区造成了不良影响。对此，学校也采取了许多措施。

比如，午间施行封闭式管理，要求学生一律在学校用餐，不允许在午休时间外出；改善午餐质量，开放学校的各种活动场所；召开各年级大会对学生进行教育；给学生家长发信……经过一年的管理实践，效果比较明显。中午在P校周围的"室"、"厅"、"店"、"吧"等场所很少再看到P校的学生；校门口也清净多了，很少再看到游荡的不良社会青年；社区对学校的评价也高了。可是，下午放学时，学校周围还是经常有不良社会青年出现，也不时地有学生到"室"、"厅"、"店"、"吧"等处活动。P校学生参与打架、敲诈等违纪、违法行为偶尔还会发生。

学校管理应该封闭还是开放？针对这个问题，学校领导层展开讨论。教务主任说封闭式管理不行。职业学校的学生有其独特性，三年后他们要直接走上社会，若现在把学生关在学校，他们今后就很难适应社会。现在应该让他们多接触社会，尽管在这过程中有一些不好的现象发生，但这是正常的。

政教主任说：学生的管理不应该靠"堵"，而应该靠"疏"。讨论多次，依然没有结果。

（饶爱萍）

思考题

1. 分析学校实行封闭式管理的利弊。
2. 怎样认识封闭式管理的影响？
3. 职业学校的管理应该封闭还是开放？对职业学校的管理你有什么高招？

案例分析

该职业中专为整顿教学秩序、规范学生行为实行午间封闭式管理，但是下午放学后仍有学生到学校附近娱乐休闲场所活动，打架、敲诈等违纪、违法行为仍然没有得到控制。学校为何实行封闭式管理？封闭式管理的利弊有哪些呢？

学校封闭式管理具有鲜明的时代特征。办学体制的多元化是教育改革不断深入的标志性特征之一，随着各类民办学校、私立学校和实验学校的蓬勃发展，学校间的竞争也日趋激烈。在这样的情况下，各校纷纷推出一些新举措以赢得生源。封闭式管理就是这些新举措之一。这种较为严格的管理方式与目前都市家长的工作节奏相适应，所以受到相当多家长的欢迎。

社会系统理论认为，组织处于一个开放的系统中，外部环境会对组织产生影响。组织的外部环境包括微观环境和宏观环境，宏观环境包括政治、经济、文化等因素，案例中的职业中专处在一个开放的环境中，各种因素都影响着学生的发展，这些因素中有积极因素，也有消极因素。微观环境包括学校所在的社区、学生的家庭等因素，这些因素直接影响着学生的成长。根据社会系统理论可知，割裂组织与周围环境的联系是不可能，也是不可取的。我们以本案例为例，谈谈封闭式管理的负面影响。

简单地说,封闭式管理即"关起门来办学",在学校内部实行严格的制度管理。学生被限制在学校的深院高墙内,除周末或学校圈定的少数几个"放风"时段外,不能踏出校园半步,社会各类人员也无法轻易进入学校。学生在校必须严守一大堆学习与生活制度,而这些制度往往与严厉的惩治直接挂钩。实施封闭式管理意味着学校被人为地阻隔于社会之外。封闭式管理给学生发展带来了以下负面影响:

1. 封闭式管理割断了教育与社会、家庭的必要联系,不能造就具有健全人格的青少年。教育是社会生活的一部分,并不能由学校单独完成。封闭式管理将学校与社会、家庭完全隔绝开来,剥夺了人的发展所必需的、完整的社会关系和丰富的生活经验。据调查,在这样的学校学习的孩子容易产生厌学情绪,他们的习作素材匮乏,学习效率低下。

2. 封闭式管理强调严格的纪律和规范,把学校等同于"军营"。在实施封闭式管理的学校里,一切都在监控之中,青少年被安置在固定的轨道上,时间被排好,空间被划定,青少年只能被动地遵从学校的安排。学校教育的目的之一是充分发掘学生的个性,培养具有健全人格的社会公民。学校应是帮助学生发现自己、发展自己的场所,而不应是制造千篇一律"产品"的工厂。

3. 封闭式管理着力营造过度纯净的学校环境,剥夺了青少年对社会复杂性的认识,降低了学生对社会消极因素的"免疫力"。学校实施封闭式管理的一个初衷,是在学校与社会之间构筑一堵高墙,将社会问题、社会矛盾和社会不良影响阻隔在学校之外,试图给学生构建一座"温室",提供一方"净土"。事实证明,在社会高度发达、人的交往极度丰富、信息传媒无孔不入的今天,这种以实施封闭式管理来营造"温室"和"净土"的企图是不可能实现的。封闭式管理只是一个给人心理安慰的"塑料大棚"而已,并不能阻挡社会不良因素对学校的影响。这一做法暴露了学校管理者对学校教育,特别是对德育工作认识上的偏差。P校实施封闭式管理是为了消除社会不良现象或消极因素对学生的负面影响,是出于无奈而采取的消极逃避的管理办法。

从学生成长的角度来看,其成长环境离不开家庭、学校和社会。杜威说生活即教育,社会即学校。学生的教育并非由学校单独承担,还需要家庭和社会共同来承担。对学生来说,学校和社会、家庭一样,只是其生活的场所之一，而这一场所只有与其他场所保持密切联系，实现互补，才能保证学生生活的完整和人格的健全。

从学校管理的角度来看，管理的本质是服务，学校管理的目的在于为学生提供优良的教育、教学服务，为学生的成长发展服务。封闭式管理中的管理体现的是管制，对学生的自由发展十分不利。但是，面对学校教育外部环境的恶化，为了阻断社会不良因素对学生的影响，封闭式管理又可视为一种积极应对社会变化的教育措施，从某种意义上来说，这有利于学生的成长。可现状是：学生在学校有校纪校规的约束，但是在校外就没有规范限制了。学校的教育不是万能的，需要家庭、社会的配合。

社会对学校职能的认识不清，对学校职能的定位不明，认为学生的教育任务是由学校来承担的，导致学校在教育中的所作所为非常谨慎。学校应为学生提供"免疫"功能，而不是"隔离"功能。在法律上应该明确界定学校的责任，恰如其分地定位学校的职能，不要让学校的责任无限化、无边际化。只有这样，学校的管理才能从封闭走向开放，才能真正让学生体验到真实的生活。

学校应着手构建"封闭式管理，开放式教育"的教育管理模式，应该"封而不闭"。一方面，它能有效地过滤掉那些影响学生成长的不利因素，为学生提供健康的、具有引导价值的教育因素；另一方面，它又能提供给学生参与社会、了解社会的多元化的实践机会。它应该既能跟上社会前进的脚步，又能发挥自己的主要功能，是"封闭式管理"和"开放式教育"的有机结合。

35. 剪发风波

案 例

春季新学期开学，初三年级某班班主任在学生注册时强调了学校文明礼仪的有关事项，其中一条是男生在校期间不能留长发，不能染发。从个性化管理角度来讲，穿衣戴帽，各有所好，留什么样的发型本来是一件很小的事，但学校又必须把这样的小事当作大事来抓，否则，学生不像学生，会让人感到学校管理的混乱，在社会上会产生不良影响。但左右中学生留什么发型的不是教委，不是学校，往往是歌星、影星、球星。学生喜欢以他们的形象来定位自己，如果不制定相关规定，学生就会留各式各样的发型。

两天过去了，班里的男生李某还是留着长长的头发。一天中午放学后，班主任把他叫到办公室，问道："男生不能留长发的要求你知道吗？这是全校统一的要求你知道吗？""知道。"学生低声回答。"知道？知道为什么还不理？"班主任的声调里带着几分火气。"我家里不让理，我也没办法。"学生理直气壮地说。师生对话的火药味越来越浓，最后，老师拉开抽屉顺手拿出一把剪子，说道："那我替你理吧。"话到手到，李某中间的一绺头发已被剪下来了。李某一边护着，一边说："得，得，我自己去理行了吧。"说完跑出了办公室。

李某回到家时，其父正与人打牌，看见儿子捂着头走进来，以为儿子又在外面惹是生非，便大声喝问。听完事情原委后，牌桌上的人七嘴八舌地议论开来，说学校的老师怎么能这样，实在过分，要去告老师，要与老师评理。在他人的挑唆下，李某的父亲怒冲冲地跑到学校兴师问罪。见到班主任后，开始还较理智，后来便破口大骂，在场的老师都目瞪口呆。此时已围了不少人，为了化解矛盾，年级组长便把他们带到校长室。

校长热情地接待了他们，校长认为，化解矛盾的最好办法是让他们懂法、用法，使他们各知其错。于是，校长先对家长说："您看见孩子的头发被剪了心里不痛快，可以理解，有意见可以反映，但跑到学校来吵闹、辱骂教师是不允许的，这是违法行为。"校长说着打开了《教师法》，翻至第三十五条："侮辱、殴打教师的，根据不同情况，分别给予行政处分或者行政处罚；造成损害的，责令赔偿损失；情节严重，构成犯罪的，依法追究刑事责任。"校长说完征询家长意见："您看咱这问题在学校解决好，还是换个地方解决好？"家长赶紧表示自己错了，愿意赔礼道歉，说着站起来给班主任深深鞠了一躬。接着校长转过身来对老师说："您对学生严格要求，对工作认真负责是好的，但采取的方法不当，对学生不够尊重。"校长打开《未成年人保护法》第三章第五条："学校、幼儿园、托儿所的教职员工应当尊重未成年人的人格尊严，不得对未成年实施体罚、变相体罚或者其他侮辱人格尊严的行为。就这一点来说，班主任应该向学生道歉。"此时班主任已为自己的一时鲁莽感到内疚，借着校长的话，诚恳地向学生和家长表示了歉意。

（潘根益）

思考题

1. 评价案例中校长解决问题的方式。
2. 学校管理需要作哪些相应的改进？
3. 班主任应该怎样更好地处理学生留长发的问题，避免冲突的发生？

案例分析

在教师和家长发生冲突时，校长利用法律知识巧妙化解了冲突。但同时，我们也看到了深层次的矛盾。案例中教师对学生不尊重是矛盾的根源，这个根源还会引起更多的矛盾，校长的方法治标不治本。教师严格要求学生本身没有错，但强行剪学生的头发，无疑严重侵犯了学生。

苏霍姆林斯基曾说过："在每个孩子的心中最隐秘的一角，都会有一根根独特的琴弦，拨动它就会发出特有的音响，要使孩子的心同教师讲的话发生共鸣，教师自身就需要同孩子的心弦调准音调。"班主任对班级的管理建立在对学生人性假设的基础之上，案例中班主任将学生看作没有自主性、无法作出正确选择的个体，因此需要外力来规范学生的行为。把学生看作工具人，教师就会使用大棒政策，坚信棍棒底下出高徒。虽然教师出于好心，但效果却不尽如人意。学生是一个独立的生命个体，希望得到他人的尊重和肯定。处于青春期的学生，更加需要肯定和关爱，因为他们正处于童年到少年的转变期，一方面依赖教师和家长，另一方面出现独立倾向，教师和家长的肯定和帮助对他们有积极的意义。教师对学生的教育应该建立在理解的基础上，如果教师能站在学生的角度看待问题，能真心去倾听学生的想法，并讲求学生管理的艺术，那么就会取得意想不到的效果。

从案例中教师对待学生的方式中，我们可窥见学校文化的一斑——该校理解学生、尊重学生的校园文化还有待建设。校长在学校文化建设中居于统筹规划的地位，校长的积极倡导对学校的工作具有导向作用。这是一项改革。首先，校长要在改革的推行中积极动员教师，阐述理解、关爱学生的缘由和愿景；其次，要实现向新的状态的转变；最后，作总结巩固改革的成果，建立相应的规章制度。学校规章制度是学校管理的重要依据之一。

具体来说，理解学生、尊重学生的主要措施有以下几种：

1. 建立平等的师生关系。作为新型社会的教师，首先要树立教师与学生是平等关系的理念，不存在一方支配另一方。教师与学生之间的教育者与受教育者的地位是相对的，教师与学生在教学过程中可以教学相长，在某些方面，学生是教师的指导者。

2. 公平地对待学生。学生的人格是独立的、平等的。教师在教学过程中，不能唯独以学习成绩作为评价学生的标准，教师要从多个维度来评价学生。每个学生都是独立的个体，都有自身的优势，教师要善于发现学生身上的闪光点，公平地对待每个学生，不以成绩论好坏。

3. 把握惩罚度。尊重学生的人格并不意味着不能运用惩罚性的手段对学生进行教育，相反，合理的惩罚方式在教育管理中不仅是应当使用的，而且是必不可少的。马卡连柯认为："合理的惩罚制度不仅是合法的，而且也是必要的。这种合理的惩罚制度有助于形成学生坚强的性格，能培养学生责任感，能锻炼学生的意志和人格，能培养学生抵制引诱和战胜引诱的能力。"但在实施惩罚教育时，切不可对学生的身体及心灵造成伤害。

此外，案例也暴露了家庭教育与学校教育之间的矛盾。学生是在学校和家庭的共同培养下成长的。学校和家庭的方向一致，整体的效果大于两者之和；两者冲突，学校和家庭的教育相互抵消。所以要增强家校合作，否则教育的效果便会大打折扣。从案例中我们可以看出，学校和家庭对学生行为要求不一致，导致了混乱局面的产生。学校和家庭沟通出现障碍，家长不理解学校规定的缘由，不知道学校的规定对孩子的意义，这正是家长和学校沟通的重点。在案例中，如果学校事先向家长讲明规定学生不能留长发的原因，那么家长便会帮助学校给学生做工作，也就不会产生教师与学生的矛盾、教师与家长的矛盾。学校管理应该从根本上消除冲突，建立关爱学生的文化，增强学校和家庭的相互理解，建立和谐的校园。只有这样才能使教师全身心地投入到教学和教育中，才能为学生营造良好的学习环境。

案例也揭示了法律的重要作用。学校管理者和教师应知法、懂法，具备法律意识，并能通过法律解决冲突，以保证学校的正常秩序，维护学校和教师的合法权益。

36. 家校合作为孩子的未来撑起一片天

案 例

某天下午的体育课上，某实验小学六年级五班的孩子在体育老师的带领下做垫上运动，在活动的过程中，顾源同学不小心压到了韩文昌同学，韩文昌同学很生气，于是就隔着衣服咬了顾源的手臂。

那天放学时，大部分同学已经回家，班主任刘老师在教室里指导值日生如何值日，手机没有带在身边。而班级的QQ群里就在班主任未知的情况下展开了一场唇枪舌剑，非常激烈！顾源的妈妈把儿子受伤的手臂拍了照片传到QQ群上，并使用一些侮辱性的语言进行攻击。韩文昌的妈妈当然不甘示弱，进行了有力的回击。

当天傍晚，班主任还在教室里与值日生们交流，突然教室门口来了一位家长——顾源爸爸。他说："刘老师，韩文昌在吗？为什么把这个孩子放在五班？这个孩子小时候就经常打人，很坏的。"然后，班主任就从他的表述中了解了事情的初步情况。之后，班主任询问了孩子的受伤情况，并进行了劝慰，对他说："具体情况我会进一步了解，但不管怎样咬人肯定是不对的，要严肃处理。"

班主任回到办公室后，打开手机才发现他们家是"全面出击"，爸爸是冲到学校，妈妈是在QQ群中"狂轰滥炸"。于是，班主任通过私信的方式希望双方家长在QQ群中不要再发表任何言论了，都冷静一下，告诉他们这不是处理问题的最好方式。

第二天早上，班主任先从其他学生那里了解情况，再把当事人顾源同学和韩文昌同学分别叫到教室外面了解情况。然后，班主任在比较清楚地了解事情来龙去脉的情况下，把他们两位同学一起叫到办公室，先对受伤的顾源同学进行了安慰，然后对韩文昌同学说："如果有人在你的手臂上咬了这样深的一口，你疼不疼？你妈妈和奶奶会不会心疼？"他点点头，说："会。"于是，班主任就接着说："既然这样，顾源的爸爸妈妈看到他的伤口，不仅心疼也很生气，所以在QQ中说了一些过激的话，是不是可以理解？"于是，他又点点头，说："是。"然后，班主任又说："其实这一切都因为你斤斤计较，不肯吃一点点亏，不友爱同学，甚至还故意伤害同学引起的，你承认吗？"于是，他又说："我承认！"这样问下来，基本上韩文昌同学已经认识到错误。然后，班主任又从顾源同学身上入手，告诉他以后碰到事情要及时向老师反映，并要学会保护自己。最后，从班集体是一个大家庭，同学友情谈起，让他们意识到，今天能成为同学本身就是一种缘分，老师希望每个孩子在这个集体中都能健康、快乐地成长，同学之间多点宽容、多点友善。最终在班主任的引导下他俩握手言欢。在让两个孩子认识到自己身上的不足并和好之后，班主任再分别和他们的家长联系，站在孩子的角度，让他们认识到处理问题的方式不是最好的。经过一个晚上的时间，双方家长都已经冷静下来，班主任给他们提供了几种解决问题的方案，他们态度都比较谦和，事情基本上顺利解决。

　　隔了两天，班主任又一次主动联系韩文昌同学的妈妈，首先站在她的角度说："顾源妈妈的言语是过分了，但是我们毕竟是错的一方，对顾源造成了伤害！所以，我们就发扬一下风格，我和你们一起登门看望一下，表示一下歉意。同时对韩文昌来说，是一次教育，让他吸取教训，下次不要犯这样的错误了。"虽然，他妈妈刚开始不太情愿，但最终还是答应了。然后，班主任就和双方家长约好周六晚上7点左右，一起见个面。同时，班主任又做了一下顾源同学家长的思想工作，他们也认识到自己也有做得不好的地方。到了那天晚上，双方家长见了面，气氛比较融洽，事情得到圆满解决。

（施海英）

思考题

1. 您如何看待本案例中该班主任的做法？

2. 您的班级是否出现过类似的情况，您是怎么处理的？

3. 学校教育与家庭教育之间是什么样的关系？

4. 怎样才能建立和谐、共赢的家校关系？

案例分析

苏联教育家苏霍姆林斯基曾指出，只有学校和家庭一致行动，才能实现儿童的和谐的、全面的发展。大量的研究和实践表明，家校合作有利于提高孩子的学习成就，而家长"不参与"则是导致学校教育成效不佳的重要原因。由此所产生的如何建立和谐、共赢的家校关系，成了每一个教师必须思考的问题。

本案例中，在班主任不知情的情况下，发生冲突的双方家长在作为家校合作平台的QQ群中互相指责并使用了侮辱性的词语，造成了极其恶劣的影响，起到了错误的示范作用。班主任在得知情况后，及时制止双方家长在QQ群中的争吵谩骂，规劝双方家长冷静克制，及时控制住了事态的发展。在了解到事情原委的情况下，班主任对两名学生进行了深刻的批评教育，在处理中不偏不倚，让两名学生都认识到了自己的错误。然后，班主任又与双方父母深入地沟通交流，请双方父母进行换位思考，互相理解。最终，事情在班主任的协调沟通下得到了圆满的解决，避免了进一步的冲突的发生。

教育生态系统理论把教育看作是一个多样的、开放的、综合的大系统，系统内各要素间相互作用，相互影响。该理论认为，学校教育只是一个子系统，身处教育生态系统中的儿童还受到家庭和社会的多重影响。由于家庭、学校和社会各自影响的性质、方向以及程度不一样，同时各个子系统之间也存在着不良竞争，导致受教育者很难得到主动的、生动活泼的、健全的发展。该理论强调维护教育生态系统的内外部平衡和良性循环至关重要，这对提高教育质量和人才培养水平起着决定性作用。因此，需要运用系统论考量家庭、学校和社会的协同与整合，以整体的教育力量影响学生。另外，根据社会化理论，儿童社会化发展的过程一般要经过初级社会化和次级社会化两个主要阶段，初级社会化的机制主要是通过儿童的父母和家庭成员，而学校则是儿童次级社会化的主要机构和场所。初级社会化是个体社会化的开始，是次级社会化的基础，次级社会化是个体社会化的发展与延续。两种社会化是密切联系的，也是不可分割的，需要整体对待，有机衔接。由此，我们可以得出：如果家庭和学校密切联系、深化合作，为儿童成长与发展提供一致的教育环境，能有效地帮助儿童更好地完成社会化。相反，如果家庭和学校不沟通、不交流，就可能会产生诸多教育性冲突，使儿童无所适从，割裂儿童的内在生命体验，带来长远的负面影响。

目前我国家校合作教育已经有了长足的发展，但受教育体制、组织制度、观念意识等多方面的影响，家校合作水平还比较低，需要我们在家校合作的理论研究、运作机制、内容方法等各方面进行改革和创新。当前家校合作还处于起步阶段，合作各方的认识程度参差不齐，合作运行尚不健全，合作类型和层次差异很大，这些问题的解决有赖于我们建立一个规范而有效的家校合作模式。

1. 健全和完善家校合作的法律法规及相关政策。

我国在《义务教育法》等一些基本教育法律法规和政策中都提出了家校合作。但是，这些法律法规和政策多是宏观性指导和要求，缺少针对性的具体措施，对解决家校合作的现实问题并无多大作用。只有加强家校合作政策法规建设，才能督导教育行政部门、中小学校依法治校，使家校合作制度化，明确家校双方各自的权利和责任，使家校合作从根本上步入良性运行的轨道。

2. 转变学校观念，为家校合作创造条件和机会。

在家校合作中，学校和教师要切实发挥主导作用，改变那种认为家长参与可能威胁他们专业和管理权威的看法，建立平等、和谐、亲善的伙伴关系。

3. 构建开放的信息系统，积极为家校合作提供信息支持。

进一步畅通家校交流渠道，在强化家访等传统家校联系方式的同时，鼓励多种形式进行，譬如以校报、开放日、亲子活动、打电话、家校通等方式进行。

4. 完善工作机制，充分发挥家长委员会的作用。

《教育部关于建立中小学幼儿园家长委员会的指导意见》对家长委员会的工作职责作了明确规定。为有效履行家长委员会的职责，必须进一步完善学校工作机制。一是积极推进现代学校制度建设，保障家长委员会有效参与学校重要的决策管理。二是要完善评价机制，确保家长委员会规范、有效地运行。三是不断完善家长委员会的工作机制，不断探索、创新学校家长委员会的活动形式。

37. 处理早恋问题的艺术

案 例

　　一天午休的时候，乔老师照常在办公室批改作业。忽然有一个学生急匆匆地来找乔老师，然后把他带到办公楼的侧面，那儿围着一大群人，班里的学生小卢也在其中。乔老师找了几个学生了解情况：小卢是为了保护班上的女同学小颖而单枪匹马地找另一个班的某同学进行"谈判"，结果双方互不相让，僵持起来。

　　根据最近的观察，乔老师认为事情并没有那么简单。乔老师对小卢和小颖已经关注了一段时间，发现他们俩的关系有些微妙。一天放学后，乔老师在回家的路上无意间看到小卢和小颖肩并肩地走在一起。已经放学一个多小时了，他们还没有回家，乔老师心中打了一个大大的问号。在没弄清状况前，乔老师只是走上前去说："你们俩怎么现在还没回家？"小卢说："我想买一本参考书，不知哪本好，想让小颖帮我去看一下。"站在一旁的小颖一句话都没说。乔老师从他俩局促不安的神情中感觉出一丝异常。

　　出于对学生的尊重，乔老师采用了适当的方法与小卢进行沟通。乔老师心平气和地把小卢叫到了一间空会议室，与小卢朋友式地进行交谈。小卢最终将自己内心的想法毫无保留地告诉了乔老师。乔老师静静地聆听着，并不时用真诚的目光鼓励这个早熟的"男子汉"讲述他的内心世界。

　　乔老师没有责怪小卢，而是将心比心，并告诉小卢自己在他们这个年龄时也有这样的感受。乔老师首先肯定了小卢是个讲义气的孩子，同时也指出帮助同学应讲求方式方法，不能用强硬的方式。接着乔老师与小卢交流了这个年龄段男女间的"喜欢"是怎样的，这种"喜欢"是钦佩，是仰慕，是对别人的认可，是友谊的开始。如果能够互相激励，你追我赶，才能成为真正的友谊。小卢在听完乔老师的一番话后，明白了很多道理，正确地认识了自己和小颖的关系，最终没有陷入早恋的泥潭。

（王颖）

思考题

1. 如何看待学生的早恋问题？
2. 如何处理学生早恋问题？什么方式最为有效？谈谈你的理由。

案例分析

其实，中学生早恋现象屡见不鲜。据国内一家权威网站的调查结果显示，13—17周岁的在校学生中，大约有32%的学生承认有关系密切的异性朋友，其中有7%～8%的学生坦然承认自己正在谈恋爱。这成为了学校不得不面对的一个问题。

中学生这种因异性相互吸引而产生的朦胧感情，是人的情感的自然流露。但因为缺乏对各种社会因素的考虑，这种感情具有不同程度的不自觉性和盲目性。所以学校和家庭应予以正确的引导，使他们能够正确看待自己的感情。

学校管理者和教师应正确看待学生早恋问题。刚刚步入青春期的中学生，性心理、性意识悄然萌发，这使得他们十分渴望和异性接触，而且容易对异性产生亲近和爱慕之情。而网络、影视、书刊等无疑起了推波助澜的作用，成人化的情感戏、罗曼蒂克式的爱情故事，不可避免地向中学生灌输一些零零碎碎的爱情观念或者性观念，这使得中学生超脱现实地模仿才子佳人、英雄美女的故事，并乐此不疲。这是处在这一时期少男少女的一种健康心理。教师应适当引导他们正确看待突然出现的朦胧感情，让他们认识到：如果能适当地与异性交往，不仅有利于智力的取长补短，还会加强自己的心理健康。保持男女同学间的纯真友谊，可以使自己心情舒畅地度过中学这段美好时光。

教师在处理早恋问题时表现出对学生的尊重，有时会收到意想不到的效果。教师对学生的态度建立在对学生的人性假设基础上。如果将学生假设为没有自主能力、不能作出正确决策的个体，教师就会处处干涉学生，指责他们的行为，这样很容易造成教师和学生间的对立；若将学生假设为具有自主性、能够作出正确决策的个体，教师就能够平等地对待学生、理解学生、相信学生，教师与学生的关系便会比较和谐。案例中，乔老师及时注意到学生的行为，在没有弄清实际情况之前没有粗暴地加以干涉，而是在反复的观测后，与小卢进行长谈，并对他的感情进行正确的引导，使得小卢能正确看待自己的感情。乔老师在解决学生早恋问题上采取了比较艺术的处理方式，取得了很好的效果。

在处理学生早恋问题时，应注意以下几个问题：

1. 教育有早恋倾向的孩子，宜疏不宜堵。如果一味地斥责他们，容易让孩子产生紧张情绪，引起其逆反心理。了解学生、相信学生、尊重学生，这是管理者和教师应坚持的原则。现在的学生比较早熟，思想较为独立，遇事希望自己解决，他们希望老师以一种平等的姿态来对待自己。因此，指导学生对已出现的情感问题进行观念和行为上的调整变得尤为重要，教师在处理某些敏感问题时表现出对学生的尊重，往往会取得意想不到的效果。案例中，乔老师如果不分青红皂白地训小卢一顿，就将学生置于对立面。学生则认为自己没有受到尊重，无法与班主任进行沟通，当然也听不进班主任的肺腑之言，甚至加速陷入早恋的泥潭。乔老师运用疏导的方式，先肯定后教育，先让孩子充分地表达自己，然后将心比心，使得小卢心服口服。各个学校应根据自身的具体条件开设心理辅导课，注重方法，针对不同学生的性格、气质以及早恋的原因进行疏导，使学生走出早恋误区。同时也要按照学生的个性心理特点，加强心理和行为训练，提高中学生的自我控制能力，提倡不看不适宜的报刊、影视节目，不上不健康的网站，把全部精力投入到学习中。

2. 与学生进行个别谈话要有技巧。对有早恋倾向的学生，教师应本着尊重和理解、引导和感化的原则，在宽松和谐的氛围下，选择学生能够接受的方式，目的明确、态度诚恳地与他们谈心。在谈话中要捕捉学生的想法，找准问题的关键，多举例，耐心细致地说理。管理者和教师要耐心倾听学生的心声，这一方面是对学生的尊重，另一方面也能对症下药，解决问题。从心理学的角度来说，明白一个人的感受要比明白真相更重要。在与学生的沟通中话多并不见得有效，有时一个动作、一个眼神都能进行交流，而最重要的一点是使对方感受到关爱。

3.让学生适当了解陷入早恋的泥潭可能导致的不良后果。早恋发生于青春期，这个时期是心理躁动时期，学生被一种朦胧的性爱意识主导。他们缺乏必要的性知识和理智，自我约束力较弱，有可能在一时冲动之下发生并非心里所愿的性关系，更难以承担这种关系造成的怀孕、堕胎等严重后果。学校领导者和教师应引导学生走出"青涩苹果"的误区，使学生将注意力转移到学习中来。班主任是班里学生的组织者、教育者、指导者。班主任的教育对象是有思想、有情感、有个性的活生生的人，是正在成长的一代新人。这就要求班主任在工作过程中要深信：每个行为后面皆有正向的目的，人在有选择余地时皆会为自己作最佳选择。唯有如此，在进行班级管理时，教师的态度、语调、措辞才能够一致，才能取得学生的信任并得到正面回应，才能有效促进师生间的沟通。

中学生早恋行为是由其生理、心理、家庭、学校和社会诸多因素综合作用而产生的，因此，对待中学生早恋行为不能过度抵制，只能正确疏导。早恋不仅要治，更关键的是要防，而这种防与治离不开家庭、学校、社会以及中学生自身的共同努力，它需要发挥教育者个人的人格魅力，用科学的教育方法，通过一系列的教育，潜移默化地影响中学生，引导中学生在健康有益的活动中释放自身能量，顺利度过早恋的危险期。

38. 这样改革班级管理行不行

案 例

　　N 中学 X 分校在教育改革中诞生，建校起就在办学体制机制、课程安排、课堂教学及德育等方面开展探索和改革，近几年更是有计划地开展了班级管理体制的改革。

　　在 Q 校长的带领下，该校更是大胆取消了班主任个人负责制，建立了班级教育小组制度。Q 校长认为，在目前班主任负责制这样的制度下，有三个较大弊端难以克服：一是难以做到班级教师全员育德、全员管理；二是难以整合班级各学科教学；三是很难对全班同学作出全面的诊断和指导。Q 校长曾公开说道："班主任非常忙、非常辛苦，但经常是'一个人在干，很多人在看'。我们是否在体制、机制上出了问题，这是我们应该考虑的。现在教育部很重视班主任，我觉得这个是非常正确的。但是提出给班主任增加待遇，我们就发现待遇增加越多，班主任越孤立，我们实际上是走进了一个怪圈。"Q 校长认为，以前班主任什么都要管，很多班主任感觉力不从心，而一些任课老师由于职责所限，"有心出力却师出无名"，从而造成人力资源的极大浪费。同时，传统的班主任负责制使得各学科老师之间缺少交流和整合。有的老师很强势，一味强调本学科的重要性，布置很多作业，挤占了其他学科的时间，造成学生顾此失彼。而对于班主任来说，由于只教一门课程，知己不知彼，对学生"诊断"指导工作也就做不好。

　　目前该校实行的班级管理体制是"1+N"模式，由以往班主任个人负责变为由班级教育小组集体负责。班级教育小组成员由 3～4 名任课老师、家长、学生共同组成，规定组长一名，组员若干。小组的工作主要为常规教育和管理、活动组织和实施、班级建设和日常事务。学校师生牵手，分工到人，整体规划，全面育人。采用三会制度（每日一次工作交流、每周一次例会、每月一次诊断），对所有学生进行全面诊断和指导。这样的管理模式可以让学生、家长和教师共同参与到班级管理中来，从而从根本上促进学生的全面发展。

另外，该校还改革了相应的评价方式和分配方式，制定了"班级教育小组工作评价细则"，中学部对班级教育小组从五个方面进行考核评价，并制定了如下细则：

1. 班级常规：以学生处班级常规考核为依据，权重为30%。

班级常规由学生处和年级组两级考核，每两周汇总一次，每学期考核10次左右。考核内容涉及多方面，常规好坏能体现一个班级的整体水平，故权重为30%。

2. 检查班级教育小组工作手册：班级教育小组工作手册是重要的抓手，教育小组成员开展教育工作要有台账，工作手册中的教育内容纪要能间接反映工作开展的进度和质量。学部组织两处人员每学期详细检查两次（期中、期末）。权重为20%。

3. 学校重大活动各班开展情况：学校每学期开展很多大型活动，如学军、学农、爱心援助、春秋游活动、校团六大节等，各班级活动组织质量和实施效果要加以考核，教育小组成员要下班级积极开展活动。权重为10%。

4. "日碰头、周例会、月诊断"考核：考核要从两个方面进行，一是学期初各班级教育小组制订计划，明确会办时间、地点、人员，学校考评组不定期进行抽查；二是期中召开学生、教师座谈会，了解各班级"日碰头、周例会、月诊断"的工作开展情况。权重为20%。

5. 学生学业水平推进率：以教学处组织的考试考查成绩为依据，测算出班级学生学业水平推进率。权重为20%。

（任捷）

思考题

1. 您认同Q校长的做法吗？

2. 案例中Q校长的做法您认为有哪些优点？哪些缺点？

3. 如果您是校长,您认为管理者应该怎样介入班级管理?
4. 您认为班级管理的本质是什么?
5. 关于班级管理,您有什么好的方法值得借鉴?

案例分析

随着班级授课制的诞生,班级管理也成了教育教学的研究问题,而且伴随着教学发展、课程改革、师生关系的改变而不断变化。一直以来,班主任是中小学班级建设和管理的中心,班主任制度存在合理性和可实践性,在班主任制度的不断实践和发展过程中,其弊端也日益凸显,从新课程改革提出以来,对班级管理制度改革的尝试也逐渐开始。在这样的背景下,N 中学 X 分校自建校之初就对班级管理体制进行改革,采用教育小组配合班主任的管理制度,以民主决策和分工合作为原则,让教师、学生和家长参与到班级管理中,编织育人之网,发挥其行为规范和情感陶冶等功能。

班级管理呈现出班主任一人负责制没有的优势,班级管理改革出路并非一种,但其核心思想永远不会改变,即为了学生的成长与发展。

1. 促进教师合作意识。

自从该校教师共同体、学生共同体和家长共同体建立以来,三者之间联系紧密,但是也存在一定的问题。完全抛弃班主任制度对大多数学校的改革进程而言是不现实的,那么在班组改革过程中,先要解决班主任发展应该指向何处的问题。班主任要树立终身学习的观念,提高科研能力。班主任向组长的转变依赖于班主任各方面的能力:管理能力、教学能力、工作能力等。有人认为班主任在单兵作战的情况下会沦为"维持会长",但班组合作也难以避免这种状况的产生。教师教育小组一旦形成,组长与其他的成员之间对之前的工作关系、人际关系和心理关系等提出了更高的要求,还建立了管理关系,成为了各种关系之间的协调者,适应这种转变需要班主任的不断学习和研究。除了班主任的转变,加入教育小组的教师更需要成为研究者,和班主任一起学习,与时俱进才能够了解学生,寻求新的工作内容和方法,进行合理的班级管理。在了解过程中,发现很多教师认为自己管理能力不够,且不知怎样学习。此外，教育小组的运行需要制度保障，即分工内容、操作手段和评价机制等以保障人人参与，给每个人自由，唯有获得自由才能够承担责任。班级管理的改革是赋予全体师生参与的权利和责任，唯有参与才能够学会体谅和尊重。任课教师和学生会承担这个班级的责任，责任精神和合作意识的培养才能让所有人关注学生个体和班级整体的精神生活质量，达到班级管理的最高境界。

2. 坚持以学生为本的理念。

相对于班主任个人负责制，班组制度确实给予学生较大的参与权利，开启了学生自我管理之门。学生、家长和教师协力组建的共同体理念和目标是否一致，就导致了班组改革是不是能真正地走下去，真正为学生服务。在了解过程中获知学生虽能积极参与班级事务，从中获得自我认同感和存在感，但同时暴露了不少问题，如"空调长"觉得自己的"官"没有班长的"官"大，官本位的观念很可能在小学班级内生根发芽。

坚持以学生为核心就是要了解学生的需求。学生参与一定要赋予其"官职"吗？其内在的责任意识培养方式和目标是小学教师在实践中值得注意的。责任感的培养是关键，有了责任感，即使没有"官"和任务，依然会为集体着想。教育应该引导学生进行自我反思和自我教育，体现学生的主体性和以学生为本。

3. 规范班级管理改革道路。

小组管理也并非班级管理改革的唯一走向，深化班级管理改革是在目前班级授课制的背景下仍要继续坚持的，而规范化的班级管理改革是必经之路。规范化的班级管理制度改革需要专业的理论引导和支持，学校以及班级管理改革的主张者要有理论储备和实践能力。班级管理改革需要注意：中国传统管理精神与新时期管理精神的结合问题；探索独生子女构成的班级管理规律问题；从国际国内宏观环境中探索班级管理未来趋势的问题等。

在班级管理改革过程中，学校必须有明确的教育理念和改革方针。明确管理的本质，并非监控或者惩罚，而是引导和提供支持。因此，除了教师本身增强研究技能和素养以外，学校必须寻求学术力量对本校的班级改革制度给予指导和帮助，有长远的目标、科学规范的蓝图，为学校专门制定适合的班级管理改革方案和评价机制。

39. 学生在校的安全由谁负责

案　例

一天中午，六年级的春阳在操场上和同学打闹，在别人的追逐之下疯狂地向教室里跑，碰巧同正往教室外走的冬雪撞了个正着，冬雪当时就仰面倒在了地上。老师和同学把冬雪送往村卫生所，医生诊断其为腹部肌肉挫伤，当即打了吊瓶。冬雪三天未能上学，医药费花了290元。双方家长找到学校，要求学校赔偿一部分医药费。按常理讲，学生在学校发生的事情，学校或班主任应该承担一部分责任，但是，这起事件与往常的事件不同，主要因为：

1. 班主任和学校多次强调，不准在课间打闹，谁闹出问题，后果自负。

2. 学校要求学生投保，如不投保，与学校签订后果自负责任状。

3. 午休时间是学校给师生安排的自由活动时间，归自己支配。六年级是高年级，学生应该有自制能力，在这段时间里发生的事情应该与班主任和学校没有什么太大的关系。

根据以上几点理由，班主任同两位家长多次交谈，并表明如果学生在校期间发生什么事情都要学校承担，那学校早就破产了。学校据理力争，学校领导又找村治保主任调解，最后，290元的医药费由冬雪和春阳两家按四六分自行承担，学校未拿一分钱。

思考题

1. 对案例中的事件，学校有没有责任？

2. 学校免除责任的理由是否充分？

3. 学校如何避免此类纠纷的发生？学校管理需要做哪些改进工作？

4.学校如何加强学生的人身安全保障工作?

案例分析

近年来,学生在校期间发生人身损害的赔偿案件数量不断上升,人身伤害的原因越来越多,要求校方赔偿的诉讼也成倍上升,请求赔偿额也越来越高,这引起了社会的广泛关注。学生在校的安全到底由谁来负责?学校应对学生的哪些伤害承担责任?学生的监护人又该负什么样的责任?对于这些问题,无论是理论上还是司法实践上都存在很大的分歧。该案例就是一起学生在校人身伤害的案件,我们可以从学校与未成年学生之间的法律关系出发,阐明学校应承担的责任。

校园伤害事故的发生比较频繁,其原因呈多样化趋势,而我国法律在此方面的规定比较滞后,导致实践中审批此类案件的标准各异,审判结果也大相径庭,社会效果也不一样。学生在校期间发生的人身伤害事故应根据伤害发生的不同情况,依法确定责任承担者。只有这样才能保护学生和学校的合法权益,维护正常的教学秩序。

处理在校学生伤害事故的相关法律依据有《教育法》、《未成年人保护法》和其他相关法律、行政法规及有关规定。针对学生伤害事故,国家特别制定了《学生伤害事故处理办法》,对在学校实施的教育教学活动或者学校组织的校外活动中,在学校负有管理责任的校舍、场地、其他教育教学设施、生活设施内发生的,对在校学生造成人身损害的事故的处理作出了相关规定。《学生伤害事故处理办法》第八条规定:学生伤害事故的责任,应当根据相关当事人的行为与损害后果之间的因果关系依法确定。因学校、学生或者其他相关当事人的过错造成的学生伤害事故,相关当事人应当根据其行为过错程度的比例及其与损害后果之间的因果关系承担相应的责任。当事人的行为是损害后果发生的主要原因,应当承担主要责任;当事人的行为是损害后果发生的非主要原因,承担相应的责任。该法第十条还规定:学生违反法律法规的规定,违反社会公共行为准则、学校的规章制度或者纪律,实施按其年龄和认知能力应当知道具有危险或者可能危及他人的行为的,造成学生伤害事故，应当依法承担相应的责任。

案例中冬雪受到人身伤害的主要原因是，春阳违反学校的规章制度和纪律在校园里打闹。根据《学生伤害事故处理办法》，春阳是学生伤害事故的责任人，应依法承担相应的责任，学校不应承担事故责任和法律责任。

依据相关法律法规，该校不承担事故责任和法律责任，那是不是就意味着该校没有相应责任呢？《学生伤害事故处理办法》第五条规定：学校应当对在校学生进行必要的安全教育和自护自救教育；应当按照规定，建立健全安全制度，采取相应的管理措施，预防和消除教育教学环境中存在的安全隐患；当发生伤害事故时，应当及时采取措施救助受伤害学生。学校对学生进行安全教育、管理和保护，应当针对学生年龄、认知能力和法律行为能力的不同，采用相应的内容和预防措施。第九条规定：倘若学校的安全保卫、消防、设施设备管理等安全管理制度有明显疏漏，或者管理混乱，存在重大安全隐患，又未及时采取措施预防；未对学生进行相应的安全教育，并未在可预见的范围内采取必要的安全措施；学生在校期间突发疾病或者受到伤害，学校发现，但未根据实际情况及时采取相应措施，导致不良后果加重；学校教师或者其他工作人员在负有组织、管理未成年学生的职责期间，发现学生行为具有危险性，但未进行必要的管理、告诫或者制止。学校若有上述行为过错，也要依法承担相应的责任。

关于学生事故损害的赔偿，《学生伤害事故处理办法》第二十三条规定：对发生学生伤害事故负有责任的组织或者个人，应当按照法律法规的有关规定，承担相应的损害赔偿责任。第二十八条规定：未成年学生对学生伤害事故负有责任的，由其监护人依法承担相应的赔偿责任。在学生对学生伤害事故的赔偿方面学校应做出哪些行为？《学生伤害事故处理办法》也作了相关规定，第二十六条：学校无责任的，如果有条件，可以根据实际情况，本着自愿和可能的原则，对受伤害学生给予适当的帮助。第三十一条规定：学校有条件的，应当依据保险法的有关规定，参加学校责任保险。教育行政部门可以根据实际情况，鼓励中小学参加学校责任保险，提倡学生自愿参加意外伤害保险。在尊重学生意愿的前提下，学校可以为学生参加意外伤害保险创造便利条件，但不得从中收取任何费用。

我们可以看到，在本案例中，按照相关法律法规的规定，学校不应承担相应的法律责任和事故赔偿责任，但是学校在未成年学生的保护中承担着教育、管理和保护的责任。广大学校特别是农村学校应特别注意学校的安全管理建设和安全防范工作。学校的安全管理工作应从以下几个方面着手：

1. 加强制度建设。建立安全责任制度，明确班主任、任课教师在学生安全管理和教育方面的职责；建立并完善学校安全管理工作的规章制度，使学校的安全管理工作有法可依，有章可循；实行安全工作报告制度，做好校园安全保卫工作。

2. 开展安全教育。学校的安全教育工作要经常化、制度化、社会化，通过安全知识、安全技能教育的方式不断提高师生的安全意识和自救、自护能力。强化师生的安全意识，把安全知识的学习融入到教育、日常活动、社会实践、节假日活动中。通过各种手段和方式，组织各种活动对学生进行安全教育，提高教师和学生应对突发事件的能力，通过各种教育提高学生的安全意识、防范能力和自我保护意识。

3. 加强安全管理。做好安全隐患的排查、整改工作，抓好安全管理，确保师生生命财产安全，包括寄宿生的安全管理、学校运动安全管理、学校食品卫生安全管理、消防安全管理等方面。学校的安全工作是一项长期、复杂的系统工程，学校领导应坚持以人为本，不断改革创新，建立适合校情的安全管理长效机制，抓好学生思想道德建设，加强师资队伍建设，积极创建平安、和谐的校园。

40. 偷糖风波

案例

初三学生小A、小B和小C去王老师办公室交作业。王老师不在，小A便拉开了王老师办公桌未上锁的抽屉，拿出一些别人送给王老师的喜糖吃。这时王老师回到办公室，正好撞见，王老师这两天正为糖的减少而纳闷，经严厉查问，小A承认前两天独自偷吃了喜糖。王老师突然又问："我抽屉里的200元钱哪去了？"三个学生一惊，但都不承认偷拿了现金。于是，王老师提出处理意见："抽屉上留有你们的指纹，偷糖已有证据，你们也无法证明自己没有偷钱，既然你们三个都不承认，那我这200元钱你们三人均摊，每人拿66元钱给我，还有两元我就不要了。"

三个学生分别回家要钱，并向家长诉说了事情的原委。小A、小B、小C的家长当即与王老师取得联系。王老师告诉家长："孩子没有偷钱，我抽屉里也没有现金，他们只是偷了糖。我这样做只是想吓唬一下孩子，想要通过这种方式告诉他们，要改掉私自动别人东西的毛病。"小B、小C的家长听了王老师的解释没有说什么，事情作罢。但小A家是另一番情景：小A的母亲将66元钱交给了孩子，而后将这件事打电话告诉了在外工作的父亲。

小A的父亲风风火火地来到学校找王老师，在听到王老师的解释后不但没消气，反而指责王老师诬陷了他的孩子，并说造成了精神伤害，要讨个说法。后来在其他人的劝说下他才罢休，但小A的家长与王老师之间产生了芥蒂。

（李春梅）

思考题

1. 王老师看到 A 同学偷吃糖后，应作怎样的反应？
2. 王老师借题发挥，说自己丢了 200 元现金，这种做法能否教育学生？
3. 王老师让学生承担自己并没有做的事情，这对学生有什么负面影响？
4. 请给王老师提出更好的处理学生偷糖事件的方式。

案例分析

小 A 在交作业时偷吃王老师的糖，被王老师发现。王老师为了教育学生不能随便拿他人的东西，说自己丢了 200 元钱，让小 A、小 B、小 C 分摊，由此引发了王老师和家长之间的冲突。

首先，我们站在学生的角度来看这次事件。小 A 一时贪吃，偷了王老师的糖，这种行为是不对的。王老师有必要让学生意识到这种行为是错误的。王老师是怎么处理的呢？他先将学生训斥一顿，并揪出了上次的偷糖事件。我们先分析这一行为：王老师没有照顾学生的自尊，使学生很难堪。偷糖行为是错误的，但并不代表可以因此而不顾及学生的自尊。其实，王老师可以选择更好的方法让学生心服口服。假设，王老师看到了但装作没看见，并且还主动拿糖给三位学生吃，同时告诉他们，如果看到老师这儿有什么好吃的，可以跟老师要，老师愿意和他们分享。这样，学生就会光明正大地提出自己的愿望，而不是偷偷摸摸地吃。如果教师采用这种较隐蔽的手段、方法，给学生留足了面子，那么学生就会自觉调整行为。如果教师能更多地从学生的心理出发，对他们的行为加以引导，学生的德育工作就能取得更好的效果。

其次，我们来看王老师提出的赔款事件。王老师为了"狠狠地"教育学生，制造了一出"200 元丢失"事件，并让学生分摊赔偿，这种过火的"吓唬教育"实则是一种精神体罚。强加给学生这种莫须有的罪名，会对学生产生消极影响。被冤枉是一种消极的心理体验，特别是对天真的学生，这会给他们带来心理阴影，使得他们对别人不再信任。教师的这种行为本来就是不道德的,学生又极易模仿教师的行为,这也会对学生的行为产生消极影响。对学生所犯的错误,要坚持正面的教育。道德教育的崇高使命在于通过塑造伦理精神培养完整人格,改善人的道德生活,实现道德对人的肯定、调节、引导和提升作用,而不是教导人们无条件地遵从某种固定的外在准则。支撑道德教育事业的应当是这样一种信念:道德是为了人而产生,而不是人为了道德而生。从这种信念中我们可以看出,人是第一位的,道德是为了建立完整人格。自信、自尊是人的宝贵品质,在道德教育中应当强化这种行为而不是损害它。

案例中,王老师的教育方法顾此失彼,为了道德而道德,忽视了学生的自尊,以这种不道德的方式无法达到道德教育的目的。王老师的这一做法也未考虑到家长的反应。家长很难理解王老师的这种教育方式,这对孩子、对家长都造成了很大的精神打击。王老师应向家长和学生道歉,并以此为鉴。

通过偷糖风波,我们来看看学校应该如何对学生进行道德教育。正确认识青少年学生的特点是有效地进行德育工作的前提,我们不仅要运用生理学、心理学的理论分析学生的年龄特征,还要分析时代特征以及环境对学生的影响。一方面,青少年好动好奇,思想单纯,自尊心和可塑性强,接受新事物快;另一方面,他们思想不成熟,分析判断能力较差。这些特点有积极的,也有消极的。从积极方面来讲,青少年是容易接受教育的;从消极方面来说,青少年容易受到腐蚀,因此更要加强对他们的思想政治教育。

学校的德育工作既是一门科学,也是一门艺术。教师是德育工作的直接践行者,教师德育工作开展得好坏直接关系到学校教育教学的质量和效果。这一问题已被广大教师和学校管理者所认同。对学生而言,教师是实施德育、进行管理的主动者和施动者,每个教师的一言一行对学生思想品德的形成和发展都有着重要的影响。因此,学校领导必须加强教师的思想建设,要使教师树立全面关心学生成长的观念,要遵循德育规律对学生进行道德教育。

学生的思想品德由知、情、意、行四个要素构成,德育就是要"动之以情、晓之以理、持之以恒、导之以行"。学校领导和教师遵循德育规律进行德育,具体应从以下几个方面落实:

第一,要培养学生的道德认识和道德观念。主要是指培养他们对人、对生活、对社会的认识，对人与人、人与社会之间的关系的认识。让他们知道什么是对的，什么是错的，什么是真善美，什么是假恶丑，什么是应该做的，什么是不该做的。只有认识逐步加深，才能形成道德观念，才能转化为道德信念。

第二，要培养学生的道德情感。主要是培养学生对事物的态度。当学生对某个道德问题产生强烈情感时，就会在学生身上形成一种力量，推动学生去追求或舍弃。因此，在提高学生的认识时，要引起他们情感上的共鸣。

第三，要培养他们的道德行为习惯。必须教育学生用思想品德方面的知识来指导自己的行动，约束自己的言行。要对学生的行为提出严格要求，在实践活动中培养学生良好的思想品德。

第四，培养学生的道德意志。要提高学生的认识，鼓励学生树立坚强的信心和决心，培养学生的责任感。

教师在对学生进行思想品德教育的过程中，要把知、情、意、行四个方面结合起来，讲究正确的教育方法，建立良好和谐的师生关系。学校领导应注重教师队伍建设，培养并挑选责任心强、素质较高的教师。从某种意义上说，抓好教师队伍建设，学校的德育工作就有了组织保证。

第五辑

教学管理

41. 办学条件不足，如何提高教学质量

案 例

某中学针对学校存在的问题召开了一次行政扩大会议，与会者在会上就如何提高教学质量展开了热烈讨论。有的人认为，学校教学质量之所以难以提高，主要是因为生源太差，招收的学生都是其他学校挑剩下来的，这样的学生缺乏学习积极性。有的人认为，教师福利待遇太差，教师没有工作积极性，这是学校教学质量难以提高的主要原因。

曹副校长发表了自己的看法。他说："学校教学质量要提高，离不开师生的积极性。学校生源差是事实。可是有的学校办学条件与我们差不多，甚至不如我们，但为什么他们的教学质量却比我们高呢？大家可能都还记得，上学期××中学的校长在介绍他们学校的办学经验时，讲了如何向管理要质量，向管理要人才。"听到曹副校长讲起这件事，教导主任张老师插话说："他们一条重要的经验就是重视学校管理科学理论的学习，以理论指导实践，科学育人。"支部书记老赵紧接着说："他们的经验说明，办好一所学校，生源、经费、师资等固然重要，但端正办学思想，提高学校管理水平更重要。"

这时曹副校长接着原来的话题说："生源我们无法改变，因此，我们要向科学管理要质量。只有提高科学管理水平，才能调动广大师生的积极性，才能提高学校教学质量。我建议大家认真学一点教育科学理论和好的办学经验，齐心协力共同办好学校。"

主持会议的陶校长见大家都点头赞成，便说："看来大家都同意曹副校长的意见，那么我们就趁热打铁，研究一下该怎样学习吧。主意是曹副校长提出的，曹副校长先谈个设想，然后大家再议论。"曹副校长接着陶校长的话说："我有个初步设想，大家看看是不是可行。我认为学习可以分两个层

次进行：一个层次是学校中层以上干部，学习的内容是哲学、教育学、心理学和学校管理学，最好还能学一些控制论、系统论、信息论的有关知识。通过学习，认识学校管理活动的规律，掌握学校管理工作的原则和调动教职工积极性的有效方法。另一个层次是全校教师，以班主任为重点，最好以优秀教师、班主任管理班级和学生的先进经验为教材。通过学习，认识班级管理活动的特点，掌握学生管理工作的原则和方法。学习形式以自学为主，定期组织讨论交流。要提倡理论联系实际的学风，讲求实效。只要我们的思想水平和管理水平提高了，教学质量就一定会不断提高。"接着，大家就曹副校长提出的方案展开了讨论。

（吴国林）

思考题

1. 影响学校教学质量的因素主要有哪些？
2. 学校管理对提高教学质量的意义何在？
3. 针对案例中这所学校的特点，应该采取何种措施来弥补办学中的不足之处？
4. 你怎么看待曹副校长的建议？
5. 如果你是该校校长，你认为如何实施该建议才能收到良好的效果？

案例分析

任何一个特定的组织都离不开管理，管理可以协调有限的人、财、物等资源，使其合理配置来实现组织目标。但是，学校管理不同于企业和政府的管理。学校管理活动不但要符合科学管理理论，还要符合教育科学理论。学校管理是管理的一种特殊形式，是在一个学校的具体范围内，合理有效地利用现有的人、财、物等要素，协调好各方面力量，处理好各种关系，高质高效地实现学校教育目标的活动过程。学校管理除了具有一般管理的共性之外，还有其特殊性。

1. 教育性。学校管理要实现教育目的，因此，其教育性是不言而喻的。我国对教育的投入不断增加，这说明我国对教育重要性的认识正不断提高。但我们也应看到，有些学校的教育缺乏教育性，或者说教育色彩被淡化。学校管理者的教育行政活动不符合教育规律，教育管理人员、教育者没有接受相关的教育（注意：上大学与受相关教育是有着重要区别的）。教育管理者要接受相关教育，一线的教育者也要接受相关教育。

2. 学术性。教育行政管理是一种学术性活动。教育行政如何体现教育的价值追求、如何反映政府的意愿和要求是值得研究的。教育行政管理学术性的另一表现就是，教育改革是探索性、创新性的工程，需要科学理论的指导。比如，新一轮基础教育课程改革，既有国家行政的推动，又有大批专家学者的积极参与，学术性特征很明显。我国教育行政工作面临的首要问题是学术化问题，应该吸收更多的教育学专家从事教育行政工作。

3. 综合性。学校的主要任务是培养人才，也就是说，学校要生产的产品是"人"，是德、智、体全面发展的人。这种"产品"加工生产的过程、产品的特性和质量标准带有多种性质。这就决定了各部分管理职能的实现以及成效的检验不能采取单一的技术性手段。例如，衡量教育质量的标准，就不能简单地用"升学率"或"犯罪率"等数字进行说明。有的工作需要靠感性体验和经验来判断，需要进行综合分析。

4. 滞效性。十年树木，百年树人，百年大计，教育为本。教育的长效性决定了教育行政的滞效性。这在教育投入上表现得非常突出。比如，国家对基础教育的投入，几十年以后才会有成效。因此，教育投入必须坚持不懈，才能收到效果。教育行政工作显然应该充分考虑教育的这种特性，作好长期的规划和投入准备，不要期望早上播种，黄昏收割。教育行政的滞效性在一定程度上会影响政府投入的热情和信心，他们更乐意把资源用在见效快的项目上，以取得更大的政绩。我们还注意到，教育行政的滞效性近来受到质疑，因为实践中正例与反例并存。例如，中国在20世纪80年代末公费选派80多名最出色的物理学青年才俊去国外学习，可回来报效祖国的却几乎没有，这与当时李政道等人的预期相去甚远。

中小学属基础教育阶段，基础教育是塑造国民素质的奠基工程，所以提高中小学的管理水平意义重大。我国现代中小学管理的实践充分说明，先进的学校管理理念和高素质的学校管理者对确保和提高中小学教育质量至关重要。同样一所学校，由不同的管理者管理，其结果是不一样的。管理者必须认识到学校管理的特点，在学习先进管理理论的基础上结合学校实际进行创新性管理，只有这样才能以最少的投入获得最大的效益。

案例中的学校在办学过程中确实存在很多不利条件，比如生源不如其他学校，资金来源不足，教师、学生积极性都受到影响等。但是学校管理者应该寻找学校的特色之处，发现和创造优势来弥补这些不足。曹副校长所提的建议是很合理的，如果能落实好必然会使学校受益匪浅。这些建议在具体操作前需要制定一些详细的规划。比如，新的课程标准出现了选择性要求，那么教学评价自然应该是多样化、非标准化的，这必然对传统的管理提出挑战。在这种情况下，应当允许教师有自己的理解，允许教师按课堂教学实际调整教学策略。所以，学校管理的重心应逐步转移到帮助教师建立和完善自我约束、自主创新机制上来，应高度重视教师创造的空间，特别要注意教学指导工作的改进，不能再照搬固定的模式或教学思路，不能用僵化的东西来约束教师和学生。

另外，针对生源不是十分理想的现实情况，要加强后进生管理工作。多数后进生从小就有许多不良的行为习惯，这会对其认识观、人生观和价值观的形成产生不良影响，同时也会导致其学业退步。因此，要使后进生有所进步，不应从其学习方法和学习态度入手，也不应从其思想状况入手，而应该从根源抓起，即从其行为习惯这些小事抓起。要求学生做好一些小事比较容易，因为所要克服的困难比较小，成功的代价并不大。一开始他们也许不情愿，但是，反复地做，慢慢地就会成为习惯。比如，可以要求学生每天按照指定位置把自己的课桌椅摆放整齐，把自己周围的卫生做好，把上课所要使用的课本和文具准备好并整齐地摆放在指定位置上等。要求学生每天都要做好这些小事可以使学生逐渐养成做事认真细致和爱卫生、求整齐的良好行为习惯。慢慢地，学生就会从中悟出一些道理：做人做事应该认真、负责、有规矩，做一个文明人必须有丰富的文化知识和良好的素养。这样，他们就会逐渐改掉不好的行为习惯，并开始喜欢学习。

42. 调班风波

案 例

新学期刚开始，某学校就接到上级通知，今年重点中学将提前单独招生。

只剩下三个多月就要考试了，怎么办？张校长立刻召开校务委员会，征求大家的意见。会上虽然有不同意见，但考虑到升学成绩将影响学校的声誉和今后的生源，必须采取措施以保证尖子生能考上重点中学。因此张校长作出决定：将现有六个班级分为四个平行普通班和两个实验班，并调整教师配置，加强实验班的教学。

消息传出后，顿时在校园里引发了议论，不断有老师、家长找学校领导反映意见。有人认为这样做会打乱正常的教学秩序，挫伤大部分师生的积极性，反而不利于教学质量的大幅度提高。也有人认为，这样做虽然有些不妥，但是作为一种应急措施，可以保证尖子生能顺利升入重点中学，维护学校的声誉。

张校长没想到这一决策会引起这么大的波澜。为慎重起见，在征求各方意见之后，学校决定由全体教师民主投票表决。结果有20%的教师赞成，50%的教师反对，余下的弃权。面对这一结果，张校长立即决定：维持原状。但是他要求教师必须照顾尖子生，要求组织一批优秀教师为尖子生另编一套练习，让有能力的学生选做，他还为尖子生和后进生分别指定了辅导教师。

风波虽然平息了，但一些风言风语却不时传入校长耳中。有人好心地说："两天之内连续改变决定会降低您的威信。"张校长听后，只是笑着说："个人威信不算什么，关键是把工作做好。工作做不好，哪来威信呢？"

思考题

1. 校长划分实验班和普通班这一做法合适吗？为什么？
2. 请就整个事件的过程进行评价。
3. 你觉得这个问题采取民主投票的方式进行决策合适吗？为什么？
4. 请结合相关教育理论与政策，对重点班（实验班）现象进行分析。
5. 如果你是校长，你将采取什么措施保障学校的教学质量？

案例分析

2006年我国颁布了新的《义务教育法》，明确规定：县级以上地方人民政府及其教育行政部门应当促进学校均衡发展，缩小学校之间办学条件的差距，不得将学校分为重点学校和非重点学校，学校不得分设重点班和非重点班。但在现实中，重点班的问题依然十分普遍，许多学校以"实验班"、"特长班"、"兴趣班"等形式钻政策空子。造成这种现象的原因很复杂，有学校的原因，更有政府和社会的原因。

追根溯源，我国重点学校和重点班制度始于20世纪50年代初，目的是集中力量办好一批重点学校，通过层层选拔尖子生，为国家建设培养和输送人才，这是由当时社会的发展特点决定的。改革开放以后，基础教育延续了这种做法，各级政府设置重点学校和重点班，把公立学校和学生分成三六九等，在教育经费、生源、师资等方面向重点学校、重点班倾斜。2012年，我国全面完成了"普九"任务，全国所有适龄儿童都有学上了，但是，东西部、区域间以及区域内学校之间的差距还是很大，也正是这样的差距导致我国教育不均衡的现状，影响我国教育整体质量的提升。重点班的存在是拉开优质学校和落后学校教育质量的重要因素，应该继续明令禁止。叫停重点班非一日之功，究其原因，有以下几个方面：

第一，学校评价制度改革滞后。虽然国家出台了法律禁止学校设立重点班和非重点班，但是对学校的评价制度并没有相应地转变，地方政府对校长和学校的绩效考核与升学率、重点率挂钩，人为地制造和扩大了公办学校之间的差距。

第二，学生和家长依学校的升学率来选择学校。他们是关注学校教学质量的重要外部顾客，家长对学校教学的需求和期望在很大程度上仍然指向升学率，重点班成为学校、家长、学生普遍认可的一个亮点。

第三，对于重点班，不少专家、学者、教师有不同的看法。有人认为设置重点班违反了人权，义务教育是基本人权，学校用公共资源办重点班的做法违反了平等原则，使青少年过早进入恶性升学竞争中。也有人认为这两个层次的划分，是出于关注学生个体差异的考虑，希望每个学生都得到充分发展，采取重点和非重点分层才能体现因材施教和教育均衡的思想。

但是，从总体上看，设立重点班是一种弊大于利的做法。分重点和非重点班后，学校往往集中"优师"到重点班，并对重点班进行强化管理。至于非重点班，正像有的学生戏称的，是"平民班"。其弊端是显而易见的：第一，分重点和非重点班，无形中给学生一个心理上的暗示：你是一个好学生，他是一个笨学生。在这种心理暗示的作用下，重点班的学生也许会向更好的方向发展，而非重点班的学生就可能越来越落后。这种做法违背了素质教育"让全体学生全面发展"的根本要义，也违背了教育公平的原则。第二，设立重点班，使公共优质教育成为少数人的专利，促使教育腐败升级和教育乱收费抬头。第三，影响义务教育的均衡发展。重点班的危害主要表现在受教育群体发展的不均衡。大部分受教育群体无缘享有均等的教育机会，他们在师资力量、教育管理、经费投入、成功机会等方面和重点班存在极大差距。第四，影响教师的专业发展。重点班不仅分化了学生，也分化了教师，造成教师中的等级制。这不仅影响教师的专业发展，而且影响教师的人际关系、团队精神和整体发展。第五，影响家长和社会对教育的认同。学校教育、家庭教育和社会教育三位一体，缺一不可。家长和社会又是学校最重要的外部顾客，他们对学校的价值判断影响到学校教学的发展。

义务教育是面向全体学生的平等的教育，是为每一个学生的长远发展和终身学习打基础的教育，是提高全民族素质的教育，而不是精英教育、选择教育，更不是淘汰和筛选教育。义务教育应积极促进每一个学生的发展，保障并努力实现每个学生的充分发展。毋庸置疑，设重点和非重点班，在为一些所谓好学生制造更优越的教育环境的同时，也制造了等级和歧视。在大力提倡素质教育和教育公平的今天，这种做法万万不可取。

在案例中，校长试图通过个人影响力划分重点班和非重点班，从法律角度看是不允许的。修订的《义务教育法》明确规定，学校分设重点班和非重点班的，由教育行政部门责令限期改正；情节严重的，对直接负责的主管人员和其他直接责任人员依法给予处分。各地方教育行政部门也应当严令义务教育阶段学校不得以各种名义分重点班和非重点班。当然，为防止一些学校变相地或以打"擦边球"的方式再分重点和非重点班，教育部门还需要认真做好监督和检查工作。

除了法律的约束，校长应该认识到自己是受托于国家来管理学校的，并且受到政策、资源的限制，因而他们需要在上级规定的范围内开展工作，任何与国家法律、政策相违背的管理行为都是不可取的。再说，学校良好的声誉和教学质量也不是仅靠升学率就可以保证的，校长不应该把学校的所有力量都集中在对升学率的追求上。忽视资源和过程将是十分有害的，不能把学生的学业成绩作为衡量教学的唯一指标。在我国教育改革和发展的新阶段，无论是校长还是社会公众都应该转变观念，遵循科学发展观，促进义务教育公平、均衡和全面发展，让更多的学生能够有一个公平的环境，使他们的潜能得到充分发挥。这在一定程度上也可以保证学校的良性发展和良好声誉。

当然，如果把重点班问题的责任都推到学校身上是不公平的。教育优质资源的有限与公众对优质教育的需求之间的矛盾是导致这一问题的根本原因。政府政策的不一致以及政策执行的不一致是导致这一问题的重要原因。

43. 迟到的处分

案 例

某校为了建立健全教师工作规范和制度，制定了严格的教师考勤制度。

一天，有人向教务处反映，刘老师前一天下午上第一节课时迟到了20多分钟。教务处了解情况属实后，按校规拟定了处罚意见，对刘老师进行通报批评并扣发当月奖金的25%。但是，处罚还没有公布，就被刘老师知道了。于是，她找到校长哭诉自己的委屈。

刘老师已在校工作十年，工作表现一贯很好，极少迟到早退，更没有迟到20多分钟的记录。为了工作，她一直没有要孩子，直到10个月前才生了个女儿。由于孩子尚小，她每天中午要赶很远的路回家给孩子喂奶。因为怕耽误学生上课，她曾要求教务处调课，可调课难度太大，教务处没有同意。那天中午，在回学校的路上，刘老师的自行车坏了，所以迟到了20多分钟。她认为自己这么多年工作兢兢业业，而那天迟到又不是故意的，不应该受处罚，希望校长能够撤销处分。

思考题

1. 你认为校长是维持还是改变教务处对刘老师的处罚决定？为什么？
2. 如果你是该校校长，你将如何处理刘老师上课迟到的事？
3. 学校考勤制度应该在学校管理中起着怎样的作用？
4. 校长以及中层领导应该如何对教师进行管理？
5. 请运用教育管理学的相关理论，结合案例分析学校应如何将制度方法应用于学校管理。

案例分析

在讨论案例之前，首先需要了解教师常规管理的基本内容。教师管理工作的核心内容是，了解教师的职业心理特征和需要，实施适当的管理措施，调动其工作积极性，促进其身心全面发展等。对教师进行常规管理，首先就是建章立制，建立管理制度，这是学校常规管理活动的基础性工作。岗位责任制是教师管理制度中最核心的制度。它对各任课教师的职责作出具体明确的规定，使每个教师都能坚守岗位，尽职尽责，自觉做好本职工作。为了使岗位责任制得以顺利执行，就要实施相应的考核评议制度，包括考勤、考工、考绩三项内容。还需要实施相应的奖励惩罚制度，必要的奖励惩罚制度不仅可以奖优惩劣、奖勤罚懒，而且可以充分调动广大教师的积极性。

本案例我们要讨论的核心问题是，校长应该如何处理刘老师上课迟到一事，学校应如何将制度方法应用于学校管理。所谓制度方法，就是学校管理者针对学校工作的情况、问题和要求，制定相应的规定、条例、细则去协调和制约各相关因素，使管理活动达到预期目的。科学运用规章制度的工作方法，在一定程度上避免了人为因素的干扰，对做好学校常规管理工作具有很重要的作用：能使学校管理者由经验型的人治步入科学管理的法治；能使学校工作有章可循，有法可依；能为学校管理工作形成一个具有可行性、规范性的环境奠定基础，创造条件；能使学校管理者少走弯路，提高工作效益；能完善和规范学校管理工作，对调节学校管理中的关系，稳定正常工作秩序起到积极作用。

如何将制度方法应用于学校管理？一方面，从制度的制定来看，首先，要明确制定和执行学校规章制度的目的。制定规章制度是为了教育教职工并调动他们的积极性，而不应该以约束人为目的。其次，要逐步完善和健全学校的规章制度。学校管理者应有计划地安排制定规章制度的程序和步骤，逐步形成完善的体系。另一方面，从制度的执行来看，要做好宣传工作，引导学校广大教职工和学生积极参与制度建设。制度是一种规范，只有当多数人自觉遵守时，它才能发挥其独特的作用。还应在正确的价值导向基础上，健全学校各项规章制度，主要是执行制度与监督执行的制度。

案例中，学校运用制度方法，在教师出勤考核问题上制定了严格的规章制度。作为校长，应该维护学校制度的权威，否则制度就会失去应有的作用。但是制度不是一成不变的，学校管理者应该根据制度的执行情况逐步将其完善和健全。案例中教务处根据规章制度对刘老师进行通报批评并扣发当月奖金的25%是正确的。但是，学校可以根据考勤制度的实施情况和反馈意见，适当地调整考勤惩罚措施。惩罚制度应该以调动广大教师的工作积极性为目的，而不应以惩罚本身为目的。

我们还应看到，制度方法只是诸多学校管理方法中的一种。除此以外，学校常规管理方法还有行政方法、经济方法、教育方法、对话方法、指导方法、激励方法、控制方法和抓点带面方法等。制度方法不能单独发挥作用，只有和其他管理方法联系起来才能发挥作用。在学校管理中，领导者要综合运用各种管理方法，使之构成一个有机整体，发挥协同之效。要把制度建设与其他方法结合起来，注意制度规范的内化。就内化方式而言，要十分重视它的实践性。制度的实施应针对不同对象，运用不同方式，分阶段、有侧重、逐步逐条升级，一一贯彻落实，不断反馈调节。要把规范内化到教职工的学习、工作和生活中去，使之养成自觉遵守和积极维护制度的良好习惯。

案例中，校长虽然不能因为刘老师的特殊情况而使学校规章制度失去效力，但是可以运用其他手段和方法来处理这件事，可以运用激励手段和措施，主要是了解和满足教师的需要，切实帮助教师排忧解难。目前，教师大体有五个方面的需要，即提高政治、经济和社会地位的需要，改善工作环境和生活条件的需要，个人才能和特长得到发挥的需要，提高业务能力的需要和改善业务生活的需要。学校领导应该从实际出发，创造条件，尽量满足教师的合理需要。这是搞好教师常规管理的必要条件。案例中的校长应该调查了解刘老师的实际困难，如果她在下午第一节上课确实有诸多不便，可以通过教务部门的协调，给她调课，满足她的合理需要。为了排解刘老师的不满情绪和委屈，要特别注意讲究工作方式方法，与其谈话时要讲究教育方法和对话方法，把说服教育与行政措施，激励和惩罚结合起来，开诚布公以达到互相理解、缓解矛盾、解决问题、协调和改善关系的目的。

44. 从"要我写"到"我要写"

案 例

为了发展校本教研，某校制定了新思路，"问题即课题，教学即研究，教师即专家，效果即成果，成长即成果"，开辟了以叙事研究为切入点的校本教研的新天地。

叙事研究伊始，学校管理者采用"制度护航，引领示范，评价反馈"的策略促使反思成为教师的习惯，制订了"四有制度"：有数量规定，有内容要求，有质量评等，有考核挂钩。学校要求教师在叙事初期每周交一篇教育叙事，对自己的教学观念、教学行为、教学效果进行反思。规定每位教师每周四上交（必须是原创），周五由教科室根据评价标准评出 A^+、A、B、C 四等，并制成考核公示，周一在教师例会上及时反馈叙事质量的优劣，解读优秀叙事，评审结果与评选阳光办公室挂钩。对每篇文章，评审组成员都会到网上去查一下，看是不是原创的。这样做，虽然很辛苦，但能迫使教师去观察自己的教学生活，真正地通过叙事与自我对话，与学科对话。

习惯了按部就班的生活，突然要求教师带着研究的态度、反思的目光看待自己的教学，他们感到诸多不适。老师们有牢骚——认为学校加重负担，有困惑——感觉教育叙事不好写，有怀疑——教育叙事真的对改进教学有用吗？面对阻力，学校干部召开会议，再次统一思想，认定叙事研究对教师专业发展的意义。校长利用每周的全体教师会给教师们"布道"，她说"认准了的事我们就要坚持，绝不含糊。挖掘教师的潜能就像挖井，看准了目标，必须坚持，方能掘出清澈的泉水。"校长掷地有声的一系列讲话引发了老师们思想的震荡，他们开始了对职业、对人生、对教育真谛的思考。

教科室趁热打铁，在全体教师会上详细讲述了叙事研究的作用、分类及写法，教给教师抓疑点、妙点、败点、常点等反思的方法，又给老师们下发了各类叙事的范文学习。

此时，榜样的力量是无穷的。执行力的关键是领导要带头。校级干部们走在了前面，学在前、研在前、写在前。校长总是最先上交叙事文章，每篇都被评为 A^+。

两年的时间，教师们的叙事已经装订了厚厚的二三十册，部分已经汇编成集。叙事研究让教师在讲与写自己的故事中审视着自己的教育理念，品味着自己教育教学的成败，享受着工作的乐趣，并在逐步改进中不断丰富完善自身的素质和能力。从"要我写"到"我要写"，叙事研究不知不觉地成了教师的工作习惯，成为促进教师专业化发展的捷径。

（焦楠）

思考题

1. 你认为学校为什么要发展校本教研？
2. 如果你是这所学校的校长，你会怎样处理教师面对学校提出的新任务时的畏难情绪？
3. 请结合本案例，运用教育管理学的相关理论，分析学校管理者如何有效推进学校教师教育科研活动的开展。

案例分析

校本教研是指学校以解决教师遇到的实际教学问题为目的、以教师为研究主体、以提高教学效能为旨归的、理论和实践相结合的教师活动。校本教研以理论为指导，基于教师面临的具体问题，在研究过程中不仅解决了实际存在的问题，又积累了经验、增长了理论知识，促进了教师的专业发展。

本文中的学校采用教育叙事研究的具体方法开展校本研究。教育叙事研究是研究者通过描述个体教育生活，搜集和讲述个体教育故事，在解构和重构教育叙事材料过程中对个体行为和经验建构获得解释性理解的一种活动。[①]

校本教研的范围很广，只要是在学校内与教育教学问题相关的教师研究活动都可以称为校本教研。校本教研往往是与新课改的推进相伴进行的，是行动研究的一种，具有"为教学而研究，在教学中研究，由教师作研究"的特点，整个研究过程是一个循环，以一个实际教学中的具体问题作为起点，在教研中不断解决旧问题、发现新问题，再解决新问题发现更新的问题，在此过程中，不断提升科研能力和专业水平。校本教研需要专家的引领，教师把专家教授的理论知识与自己的教学实际问题相结合，解决问题，提高教学水平，同时，在日常教学中形成不断反思不断改进的批判精神，有利于教师步入专业发展的正循环轨道。

校本教研和教师专业发展是一组互相促进、互相影响的关系。首先，校本教研能够促进教师教学水平的提高，校本研究是一种指向教学改进的行动研究，研究是为了解决实际问题，提高教学效能，促进专业发展；其次，校本教研能够促进教师的理论水平，在研究的过程中教师要不断进行知识结构的更新，学习最新的理论；最后，在研究过程中，教师需要对教师教育理论和实践进行深刻的再认识与掌握，从而提高研究能力，成为研究型的教师。

当前在教育研究领域，"科研兴校"的呼声不断高涨，但是实际情况却没有因为不断高涨的呼声得到改善，验证性的教育科研关注的是他人的经验、思想和成果，漠视教师自己的生活经历及经验，科研不是为了解决自己的教学问题，改进自己的教学实践，而是去验证别人的理论和思想，导致科研教研两张皮。在这种泡沫科研之中，教师并不能得到真正的成长，感受不到职业的幸福，职业倦怠感也随之产生。

总结校本教研过程中出现的常见问题，可以归纳为以下三点：

1.部分教师对校本教研持消极态度。这种消极态度主要来自以下方面：第一，大多数教师都习惯于使用自己熟悉的教学方法进行教学，对于新的教学模式、教研模式往往容易产生抵触情绪。对校本教研的开展也是一样，部分教师对校本教研的作用认识不到位，认为教师的主要工作就是教书，教好

---

① 傅敏，田慧生.教育叙事研究：本质、特征与方法 [J].教育研究，2008（5）：36-40.

学生考个好成绩即可，校本教研不是自己的工作，它由学校领导负责，有上级主管部门、教育专家、教研员参与，和任课教师没多大关系。第二，校本教研活动的开展是在教师本已沉重的工作上增加了工作量。当前我国师资结构性缺编情况严重，学校里的大多数教师担任着繁重的教学工作，因而也忙于备课、批改作业等课前课后工作，除此之外，各种教研活动充斥在教师的日常工作中，开展校本教研活动无疑是给教师们"雪上加霜"。

2. 校本教研内容"不接地气"。一些学校开展校本教研活动是为了教研而教研，这就造成了校本教研的内容是无端植入的情况。如上文所述，校本教研具有"为教学而研究，在教学中研究，由教师作研究"的特点，无端植入的校本教研内容只会让教师觉得是在浪费时间，不能将研究内容运用到自己的教学实践中。出现这种情况的原因可能与我国"校长负责制"有关，我国中小学管理工作多为"自上而下"开展，学校的教研活动也多是在校长领导下的管理层的督促组织下开展的。对于来自一线的校长来说，对学校的教学情况把握较为全面，提出的校本教研方案也适用于学校的情况，但对于从外校调来的校长，或是教学经验并不丰富的管理者来说，他们提出的教研方案就值得商榷了，如果恰巧这所学校的民主气氛较差，那么很有可能在校长骄傲于自己的教研方案的同时，教师们怨声载道，校本教研的成果和效果可想而知。因此，教师们觉得校本教研内容"不接地气"的原因可能有二：第一，觉得教研内容不是自己需要的，对自己的实际教学工作没有帮助；第二，校本教研的内容不是自己感兴趣的，不愿意投入时间和精力。

3. 校本教研形式单一。当前我国大多数地区的学校教研活动多以听课评课、集体备课等为主，教研形式比较单一。课题研究、专题研讨、案例分析、教学技术培训等形式的校本教研在各学校教研活动中所占比例普遍较低。许多教师认为校本教研活动就是每学期的公开课听课、评课活动，或是教研组的教材分析与讨论、教学反思交流活动等。当然，以上说的几种形式都是教研的重要内容。许多学校通过"师徒结对"、"年轻教师听课、说课"等方式对青年进行培养，但是，听评课等形式的教研活动往往只能解决表面的问题，年轻教师只能学到教师在教学过程中一些外显的技巧，对于教学设计的内在思考无法获取，一些观摩课也仅仅成为了骨干教师展示的舞台，听课的老师觉得骨干教师上得好但并不知道哪里上得好，等自己上课时还是按照自己习惯的方法，这样的教研活动低效而无用。尤其是近年来随着基础教育课程改革进入"深水区"，这些形式的教研活动已经不能满足当前教师对新知识的需求和对研究的渴望，也不能真正促进课程、教学、教法的发展。

为解决以上问题，学校管理人员可以从以下三方面着手：

1. 学校管理人员最重要的作用就是引领全校教师，团结一心地为同一个目标奋斗，对校本教研亦是如此。确立校本教研的核心理念是开展校本教研的基础和前提。要想让教师们自愿投入校本教研活动，首先要转变教师的观念，使教师亲身感到校本教研与自身息息相关，认识到校本教研会提高自己的专业水平和研究能力。学校方面应经常组织教师学习校本教研的基本理论，了解其内涵、理念、特征、要素等，使教师感受到校本教研不是学校领导、专家才能做的事情，每位教师都可以参加。同时，要发挥学科带头人、骨干教师、教研组长、先进模范教师的带头引领作用，引导教师走上教研之路，营造全校教研的良好氛围，激励教师参与校本教研。

2. 为了让教师们主动参与到校本教研的活动中，同时确保校本教研的顺利开展，学校管理者应为校本教研营造良好的氛围。学校管理者可以从物质条件、时间保障、评价机制、激励机制等多个方面出发，加强保障教师教学教研的环境。以物质条件为例，学校管理者应为教师提供保质保量的学习资源和学习资料，让愿意开展教研活动的教师真正能够开展。再以制度建设为例，学校管理者应该制定与校本教研相关的成果检查制度、经费保障制度、校本教研奖励制度、校本教研评价制度等，完善的制度可以让学校校本教研活动的开展"常态化"，让教师教研制度化、长期化，进入一种良性循环。

3. 学校管理人员应该为校本教研构建交流的平台，全面提升学校的科研水平。首先，邀请高校的科研人员来学校和教师面对面接触，是理论和实践碰撞的最佳时机；其次，通过举办科研讲座、教学论坛、专题研讨会等活动，打破教研组和年级组的传统教师正式组织，建立更多样的教师教研组织，让教师资源互动起来，提高师资的质量；最后，帮助教师们展示教研成果也是学校管理者的重要责任，让教师们看到自己的成果被更多人共享，是教师自我价值实现的表现。

45. 校本课程这样开发行吗

> **案 例**

某中学响应教育局开展的校本课程开发活动的号召，根据本校实际情况，提出了扎根本校的校本课程开发计划：

1. 领导重视，顶层设计。创客教育主要在高一高二年级进行，主要采用项目式学习的方式。课程是以创新人才培养为最终目标，旨在"以学带用、以用促学"，即以应用创造激发学生的学习兴趣，用所学知识解决创造过程中的难题。课程开发由校长牵头进行顶层设计，着力做到"三创新"：（1）管理创新，在高中部由两名副校长主管教育教学工作，一名主抓常规教育教学管理，致力于全面提高教育教学质量；另一名主抓未来学校建设、教育创新建设，致力于学校的发展和提升。（2）组织创新，为加强创客教育的开发、研究和管理工作，学校成立了创客中心，由一名主任和两名专职导师组成。（3）制度创新，将创客教育作为学校教育教学的一个重要组成部分进行规划和实施，将创客教育课程纳入学校整体课程方案，并且作为重点项目进行开发和实施。

2. 基于项目式学习的创客教育。指学习者通过项目式学习来完成学业，获得知识与技能，期间同时获得创新能力的培养。与此同时，创客教育还关注学习者创新能力的培养，将学习者视为创造者——创客；将学习场所拓展到传统学习场所以外的空间——创客空间。创客教育成功地把学习重点由基于项目的学习转移到创新创造能力的培养上来，这一转折成为创客教育的亮点。

3. 创客教育课程建设。为更好地开展创客教育活动，明确创客教育课程建设的目标及路径，结合学校的育人目标和课程规划的总体安排，在查阅各种创客教育课程建设资料、研究先进学校和地区开展创客教育经验的基础上，学校制定了《创客教育课程建设方案》，由指导思想、课程目标、课程要素与课型结构、课程设置、课程开发、课程实施、学习评价等七部分组成。

4. 成立创客俱乐部。创客俱乐部成立于2016年9月。俱乐部主要社团课程有无人机、Arduino设计与发现、趣味电子DIY、3D打印与激光雕刻、FIRST机器人（FLL、FTC、FRC）、NAO人形机器人、微电影与摄影、创意手工等。计划增加的社团课程有：小提琴制作、数字化科学探究、法庭科学、国际生态学校项目（Eco-School）、基于平板电脑的编程课程（Scratch Swift）。创客俱乐部设有学生领导管理系统。俱乐部以社团形式开展创客活动，保证每周一次。

5. 建立创客社团科技社。2014年9月，学生发展中心整合了原有的化学社、物理社、机器人社、航空技术社和电脑社，形成最大的社团联盟——科技社。科技社尝试探索出以信息技术和传统实验相融合的科技类社团的发展道路，为有志于发展自己、热爱科技活动的学生提供一个自我展示、锻炼成长的平台，培养学生的创新精神和实践能力，使学生得到了全面的发展。

6. 建设创客空间。由学校已有的生物组织培养实验室、环境监测实验室、电子显微镜实验室、数学建模实验室、数字星空实验室、机器人实验室、3D打印创新实验室和未来教室等类型多样、特点不同的个性化实验室，整合通用技术实验室、计算机教室等空间，建立了创客空间。这样不仅能确保创客教育的顺利实施，而且有利于研究性、拓展性课题的开展，更重要的是有助于学生创新能力的提升。

（王瑞）

思考题

1. 请评价这是否是一个好的校本课程开发方案？
2. 怎样拟定一个好的校本课程开发方案？
3. 校本课程开发过程中可能会遇到什么困难？

4. 校本课程的开发对于一个学校来说有着怎样的意义和影响？
5. 校本课程开发的过程是怎样的？

案例分析

校本课程是指以学校办学理念为根本、以促进学生发展为目标、由学校管理人员发起、联合一线教师携手开发的课程，与国家课程和地方课程共同形成我国三级课程体系。校本课程的最大特点是本土性，即扎根于学校文化，根据学校实际教学情况，师资、生源情况，由学校管理人员及教师共同开发。

中小学校本课程的开发对我国基础教育的发展起着至关重要的作用，具体体现在以下四个方面：

1. 校本课程满足了不同地区、不同学校学生的差异性需求。国家级课程的开发往往是由教育部组织教育专家、一线教师以及其他教育教学人员从宏观的角度设计全国中小学学生应该学习的知识和训练的能力，地方和学校作为执行者，只能根据课本教学。由于我国目前东西部、城乡教育差别较大，使用统一的课程、教材已无法满足教育现状。地方和学校的课程改革从相对微观的角度出发，根据地区、学校和教师的自身教学基础和条件，主动开发出适合本地区和本校学生学习需求的课程，强化了地方和学校的课程意识，推动了课程的多元化发展。

2. 校本课程为学生的个性发展搭建平台。"以生为本，倡导个性发展"是知识经济时代的学生观，因此也对教育提出了注重学生创新能力、批判能力和个性化发展的要求。校本课程的开发以学生的需求为本，尊重学生的个性化差异，为满足不同学生的多样化发展提供平台，为学生提供更多的课程选择，赋予学生为自己的学习做主的权利，有助于发展学生对学习的主动性和自主性。

3. 校本课程为教师的专业化发展提供机会。教师在校本课程的开发中担任了关键的角色。多年的一线教学经验让他们清楚地知道地方和学校的文化、特色，学生的学习需求和学校发展的现状，因此，教师在校本课程的选题方面最有发言权。在校本课程开发的过程中，教师作为开发的主体，要具有较高的专业水平、研究素养和课程意识，在不断打磨课程中使得各种能力不断发展、成长，促进教师专业发展。

4. 校本课程为学校的特色化发展提供载体。学校的文化、特色和传统除了通过校园硬件设施体现出来，更重要的是在日常教学中，将学校的办学理念、育人理念和教育目标落实下来。校本课程就是一个重要的传播载体。校本课程的开发过程及其本身都充分体现出学校师生的独特性和差异性，融入了学校的特色，有助于更好地实现学校教育的目标，促进学校办学传统的发展和特色的延续。

鉴于中小学校本课程开发的重要性，现在越来越多的学校投入了大量的资源以期在学校这一层建立课程系统，这一热点也引起了教育部门和专家学者的广泛关注，并进行了大量的开发现状研究以及开发实践探索，发现目前校本课程开发还存在一些问题，例如：(1) 经验性开发，即学校领导带领一批教师根据日常教学工作凭着经验进行校本课程的开发，缺乏科学的方法和系统的考虑，这样开发出来的课程具有较大的局限性；(2) 课程开发虎头蛇尾，即在开发的初期，由于领导的要求和个人的新鲜感，工作进行得如火如荼，随着开发的深入，问题和困难越来越多，开发进度逐渐减慢，最终陷入困境，不了了之；(3) 课程开发缺乏延续性，学校的校本课程应该最终发展为一个体系，一个促进学生全面发展，有重心有特点的课程体系，而不是想到什么开发什么；(4) 课程开发目标异化，由于上级要求或者环境影响，很多学校为了开发而开发，没有本着为学生、教师和学校发展的目的，把课程开发当成完成任务，偏离了校本课程开发的本体目标；(5) 课程开发流于形式，课程开发的最终目的是将开发出来的课程在课堂上实施，增长学生的知识，训练学生的能力，促进学生的发展，但是一些学校在课程开发出来后就将成果搁置起来了，使得课程开发流于形式。

校本课程开发过程包括以下四个步骤：

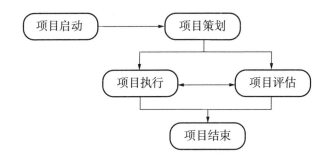

第一步：项目启动。这个阶段的主要目的是告知教师学校对于校本课程开发的态度和想法，为项目提供一个整体的思路和标准，动员教师们积极参与到校本课程开发的过程中。

第二步：项目策划。这个阶段主要以主管教学的管理人员牵头，联合教师的力量，确定校本课程的内容、目标、程序、资源、人员分工等，制订一个细致的计划，为之后的工作铺平道路，为可能出现的问题设置好解决方案。

第三步：项目执行和评估。这个阶段是校本课程开发的重要环节，是所有参与人员相互配合、协调、稳步执行计划的过程。执行的过程中最重要的是沟通，同层级同事之间的沟通有利于提高工作效率，上下层级管理者和执行人员的沟通有利于项目执行过程中的优化，也有利于管理者对项目进度的控制。评估要穿插在执行的整个过程中，应当设立专门人员以合理、客观的评估程序执行。执行和评估是不断互动的，执行是评估的载体，评估是为了更好地执行。

第四步：项目结束。这个阶段也是校本课程开发不可或缺的一步。总结校本课程开发过程中的经验有助于以后的开发工作更顺利地进行。

46. 可以用简案代替教案吗

案 例

某区实验小学非常重视对教师课堂教学工作的评价。由校长牵头，设有教学主任一名，教学副主任两名，专门负责对教师课堂教学的评价工作。

有一天，校长对教学主任说："教师们工作很累，不要再让老师们写书面教案了，无益劳动占了太多时间，老师可以写简案来代替教案。你们多听课，对听课有问题的教师认真看一下教案，这样可以给大多数老师松绑。咱们学校都是我亲自选的教师，我相信他们都有这个自觉性。"

许多教师平时上课时都是用简案代替教案，其形式多种多样。有的单独写在一个本子上，有的写在教科书或另附纸上。而学期教案量化考核时，教师却用教案替换了简案，而且上交的都是书写规范、内容详尽的教案，"赶写"的痕迹很明显。据调查，很多教师私下认为：年年写教案，费时费力，作用也不大。在课堂授课过程中，教案也只起了一个备忘录的作用。赶写的教案是为了应付检查的文字性"教研材料"，真正实用的还是简案。

教学主任仔细考虑了一下：如果用简案代替教案，多听课需要时间，至少得听每个教师的一节研究课以对教师的状况进行协调评价，这样就需要听70多节课，而且跟踪听课还需要更多的时间。于是他向校长建议给两位教学副主任减课，抽出时间，充实力量作教师课堂教学评价，指导和培养教师。但校长不同意，说他们不能脱离实际教学工作。

现在的问题是，新课程的实施要求教师具有较高的素质，从学生生活的实际出发，培养学生积极的情感、态度和价值观，给教师备课提供了更大的操作空间。而教学工作是学校的工作中心，但是主管教学工作的领导兼了很多职，其教学管理工作就很难到位。在这样的情况下，学校以课堂教学评价教师工作，不再检查教师的教案。这样就使得教学主任经常忙于应付上级的检查评价。两位教学副主任在帮助教学主任进行教师评价工作的同时还需要兼课，使得这一措施实施起来存在着很大的困难。

对课堂教学水平较高的教师而言，可以用简案代替教案，而对课堂教学不太成熟的教师，要仔细检查其教案。在如何评价教师课堂教学水平的问题上，两位副主任和教师都有很大的看法，经常出现不一致的地方，处理不好就会导致教师的不满情绪，因此在实际操作过程中也存在较大的困难。

教学主任又认为，提高学生学习质量要通过提高教师课堂教学水平来实现。备课是上课的前提，功在课前，利在课上。要上好一节40分钟的课，备课远不止40分钟。想提高学生学习质量，还要提高教师的备课水平。但是，目前教师压力确实过大，精力有限，很多教师还有学历进修、继续教育的压力，教师能投入多大的精力进行备课真是个问号。为教师松绑，减轻负担做起来还是很难。于是，在要不要用简案代替教案，要不要给两位教学副主任减负，以及如何进行教师课堂教学评价工作等问题上，教学主任陷入矛盾之中。

（刘永山）

思考题

1. 在这种情况下，教学主任首先要做的是什么？
2. 如果按照校长的要求，实施教师用简案代替教案这一教学举措，将会出现什么新的情况？
3. 如果你是教学主任，将怎样处理教师工作压力大和教案检查形式化的问题？
4. 如果你是教学主任，你将如何进行教师课堂检查与评价？
5. 如果教学主任不同意校长所提出的"用简案代替教案"的建议，他该如何与校长进行沟通和协商？
6. 讨论教案检查的利与弊，归纳当前中小学教案检查存在的问题。

案例分析

目前，是否对中小学教师的教案进行检查，观点不一。检查教案是许多学校的常规工作之一，有两个作用，一是评价作用，二是诊断作用。但事实上，许多领导因为时间、精力和专业背景等因素的关系，无法对教案进行检查、反馈，使教案检查出现形式化、标准化和格式化的问题。教案检查的诊断作用被弱化，而评价作用被凸显，而评价的标准也只是看教案书写是否规范、工整等形式化的东西，起不到应有的作用。

针对目前教师工作压力过大、教案检查形式化等问题，该校长提出教师可以写简案来代替教案，并要求教学主任带领两位教学副主任多听课，对教师课堂教学进行评价。教学主任认为一方面教师压力确实过大，教案检查很大程度上流于形式，但提高学生学习质量，还是要提高教师的备课水平。另一方面，听课检查需要花费很多的时间和精力，教学主任建议校长为两位教学副主任减课，以充实力量进行教师评价，遭到校长拒绝。案例中最关键的问题就在于要不要用简案代替教案，以及如何协调力量对教师课堂教学进行评价。

在讨论本案例之前，我们需要明确课堂教学是否需要教案。弄清课堂教学与教案的关系，对我们的课堂教学将起到很大的帮助。在课堂教学中，教案常作为教师评价课堂教学的部分依据。但在实际教学过程中，有些教师无须教案也能游刃有余，而有些教师的教案虽然构思精妙，课堂气氛却死气沉沉。

由于一些复杂的主客观原因，设计教学、撰写教案这项中小学教师的基本工作正在被淡化、异化。课堂教学是一门比较高超的艺术，除了课堂利用教案向学生详细分析教学不变的内容，全面讲解重点难点外，更重要的是灵活运用教案，随机应变。但是教案是课堂教学的范本，是上课的依据，不是固定内容。它的功能是为上课服务，作用是增强课堂教学的针对性与实效性。教案和课堂教学的关系可以概括为，教案是课堂教学的依据，课堂教学离不开教案。教案是教师进行课堂教学的行动方案，可以使教师明确课堂教学的目的和任务，明确教学的内容、方法和步骤，是完成教学内容的先决条件。教案是教师经验的总结，是教师长期教学实践的记录，是教师教学研究的重要参考资料。教案在课堂教学过程中具有极其重要的作用。

教案检查作为学校评价教师课堂教学的内容之一，有其存在的合理性。但是我们也应认识到课堂教学的成果来源多方面，如教学环境、教学内容、教学对象等都对教学过程起着决定性作用。评价课堂教学不能以教案作为依据，教案可以作为教师评价的参照。不过，简案、教案都是教师为上课而准备的文字材料，简案内容简单、书写随意、形式多样，是教案的替代品。教案就是教师对课堂教学各环节的教学内容、教学方法等进行的知识性的和理解性的解释与结论性和概括性的注释；而简案则是将课堂教学各环节的教学内容、教学方法、学生的学法较简明地写在教案上。

在本案例中，校长提出用简案代替教案，是因为许多教师平时上课、备课时都用简案，其形式多种多样，而到学期末学校考核时，教师却用教案替换了简案。造成这种现象的原因主要有以下几个方面：第一，教学评估标准失当。许多学校把教案检查纳入量化考核标准中，教师书写教案是为了应付教学检查。第二，教案书写不符合课堂教学的实际。教案在课堂教学过程中的实用性不强，备课材料与课堂实际脱节。第三，课堂的生成性、知识的生长性，使预设的教案得不到应用。针对这种情况，在教学日常管理中，应根据实际因势利导，一方面，支持教师在平时教学中用简案代替教案；在教研活动中，鼓励并组织教师经常交流教学心得，不断完善简案这种新型备课方式。另一方面，不断采取听课方式，对教师课堂教学进行评价。

47. "涂卡评分"带来的尴尬

案 例

　　根据学校加强教学管理、提高教学质量的要求，某校教务处提出了一项由全校学生给任课老师涂卡评分、各年级教师互相涂卡评分的制度。这种评价考核方案通过计算机统计折算，把每个教师的教学水平予以量化。方案指出：全校师生参与评价使得评价范围具有广泛性和普遍性；由计算机按统一程序统计折算，提高了评价的公正性与可信度；量化结果用于年终考核，使考核中的教学质量一项有了较准确的体现，同时也为晋职评优提供了依据。经主管校长同意后，教务处花了7万余元购置了阅卷机、专用读卡机等设备，同时，制定了10项评价标准，每项又由4项小标准组成，并附上涂卡说明一并下发到各年级。根据要求，学校100多位老师按本年级教师数每人需评价并涂卡30到80张不等，1000多名学生每人按每学期上课学科数需至少涂卡7张。评价工作从每学期第15周开始，学期末收回评价结果。

　　第一次评价工作刚进入操作阶段，问题就出来了。第一，教师方面，许多人提出对本年级其他人的教学情况不了解，无法评价；也有人表示由于种种原因，根本不愿评价别人；更多的人则嫌麻烦不愿花时间去做。于是，作为一项任务，一些老师便找来学生，让他们丢开评价标准，按照"不给最低分、不给最高分"的原则代为涂卡。第二，学生方面，最多的反映是即使看着所列项目的等级标准，自己也难以把握给所评老师打几等；认真点的学生还能凭总体印象去评价，不认真的学生则丢开标准任意涂抹；更有个别学生给平时要求严格、批评过自己、给过自己不及格成绩的教师评为末等。至第16周周末，经再三催促，机读卡只收回86%。虽然评价结果未公布，但一些老师对学生的要求不像以前那么严格了，批评也少了。期末考试后统计成绩,学生的卷面得分平均上升6分,及格率提高了5%。面对这种结果,有人评论说,学校如此兴师动众搞所谓的教学评价,纯属劳民伤财,扰乱教学秩序,掉入了"现代化陷阱"。

(袁伟)

思考题

1. 你认为出现这种教学评价结果的原因是什么?

2. 你认为该校教学评价的方法是否存在问题?如果存在的话,问题出在哪儿?

3. 如果你是该校教务处的领导,面对教学评价存在的问题,你将采取何种措施和手段?

4. 根据教育管理学的相关理论,你认为学校应该如何对教师教学进行评价?

案例分析

教学质量关乎人才培养质量,对教师的教学工作进行评估考核无疑是学校管理工作的一项重要内容。在当今社会价值多元、个人自主性增强的体制转型时期,更是如此。加强对教学工作的评价与考核,对于引导和督促教师把主要精力和时间用在本职工作上,对于教学方法的改进,对于教学质量的提高均具有积极意义。教学评价是学校评价的重要组成部分,是对与教学相关的各项工作进行的判断和评价,目的是推动和改进学校教学工作,提高教育教学质量。案例中,学校为了加强教学管理、提高教学质量,出台了量化的评价考核方案,但此方案的实施也带来一些问题。如何有效地对教师教学绩效进行考核和评价成为学校教学部门面临的难题。

在讨论案例之前,我们首先要明确学校为什么要开展教学评价。学校开展教学评价可以对教学工作起到导向作用。教学评价的结果,实际上就是确认好教师、好教学的标准。教学评价还可以起到激励作用,通过大量的教学调查，学校可以了解现阶段教学工作存在的优点与缺点，通过评价各科教学、同一学科不同教师的教学工作，起到激励先进和鞭策后进的作用。学校教学评价的另一个重要目的是推动和改进教学工作。通过教学评价，不仅判定了教学工作的好坏优劣，更为重要的是，揭示了教师教学工作中取得的成绩以及存在的问题，指出了改进和提高的方向，有利于教师推动和改进自己的教学工作。因此，学校能否组织开展有效的教学评价工作，对教育教学质量有着重大的影响。

该案例我们要讨论的核心问题是：学校的教学评价工作为什么没有取得良好的效果？学校如何才能开展有效的教学评价工作？目前，教学评价的方法一般可以分为量化方法和非量化方法。很多教育工作者认为教育评价必须量化，认为只有用量化的方法进行评价才能客观、准确，因此出现了所谓的"量化热"。量化方法应该重视，但不能把其作为教育教学评价的唯一方法。因为有许多教育现象不能进行量化分析，如果勉强使用量化的方法，评价效果会适得其反。

案例中的学校出台了新的教师教学评价方法，即由学生对教师和教师相互进行涂卡评分，对教师教学的水平予以量化考核。这种考核方法没有取得理想的效果，问题出在哪里呢？因为针对教师教学的评价，学校只采取了让学生评分和教师互评的考核方法，陷入了"量化即准确"的认识误区。对于比较简单且精确的对象，量化的方法容易把握，而对于复杂且较模糊的事物，就不能简单采取量化的评价指标进行评价。教学评价就属于后一类。教学评价不仅是结果性评价，而且需要对教学过程进行评价，简单的量化指标是难以反映教学过程的。

在案例中，学生面对评分指标感到难以下手，关键不在于量化方法本身的问题，而在于学校在设计量化考核指标时没有从学校教学、教师和学生的实际情况出发，没有经过细致的调查，没有设计合理有效的评价指标体系。如果评价指标粗略，不准确，不易掌握，那么，学生将难以把握评价体系标准，从而导致评价结果没有良好的信度和效度保证。如果量化指标过于精确、细致，对一个由大量人员参与评价的过程体系来说，将从根本上失去评价的可操作性。

因此，学校在采用量化考核方法进行教学评价之前，必须对参与评价的各方进行调查分析，征求师生的意见，而不能凭空想象设计评价指标，否则就脱离了教育教学的实际情况，违背了教育教学规律。鉴于此，学校必须使量化考核具有较强的操作性，才能真正反映教学结果。

学校在开展教育教学评价工作时，应注意以下几点：首先，将量化方法作为教学评价的方法之一，使用多元评价方法综合评价教师工作。虽然有效的量化考核也可以反映教学效果，为教学改进工作提供依据和参考，但这种评价方法也有其局限性。简单采用量化考核的方法并不能完成全面的教学评价，可以采用定性和定量评价相结合、评价与指导相结合的原则对教学的过程和结果进行评价。具体来讲，除了设计有效、合理、符合学校实际的指标，采用问卷调查对教学效果进行评价外，还可以采用教室观察、听课、评课等方法对教学过程进行评价和指导。

其次，充分采集数据，对教师进行全面评价。学校教学评价有两种基本类型：一种是以目标为标准的评价，是指在学校教学活动完成之后对其结果进行评价，亦称终结性评价。这种评价的目的是判断好坏，区分优劣。另一种是对教学活动的过程进行评价，也叫作形成性评价，这种评价的目的在于揭示教学工作中存在的问题，反馈有关信息，从而使教学工作得以改进和提高。学校在开展教学评价时，应该两者兼顾，参照适用。教学过程和结果是不可分的。如果只注重过程评价，而不重视结果评价，则可能助长形式主义。同样，如果只评价结果而不评价过程，也可能出现某些虚假现象。因而，教学评价的正确途径是对过程和结果进行综合分析。

最后，要意识到，学校教学评价是一个复杂的系统工程，要结合自身的实际情况使用评价方法和手段，同时也要遵循一定的评价程序和步骤。在案例中，教务处提出了量化评价考核方案，但该方案并未建立在调查研究的基础之上，其评价效果可想而知。

因此，学校在采用新的教学评价手段进行教学评价之前，首先，必须做好准备阶段的工作，成立评价小组对相关群体进行调查，在分析调查结果的基础上制定符合实际的评价方案，设计科学的评价指标体系和评价工具。其次，在实施阶段，要做好相关工作，对评价过程进行有效监督和管理。此阶段不仅要广泛收集评价信息，而且还要对收集的信息进行核实，务求全面、客观、真实可靠。再次，要做好总结阶段的工作。所谓评价与指导相结合，就是在这个阶段对评价结果进行分析，把评价结果及时反馈给评价对象，并向有关部门递交评价报告，从而使教学评价工作真正起到作用，为改进教学工作提供决策依据。

48. 升学奖风波

案 例

经校教代会讨论，某校制定了完整的升学奖分配方案，方案中明确规定将升学奖分为两部分：50%为工作量兑现奖，50%为升学质量奖。质量奖重点奖励"两率一分"（及格率、优秀率、平均分）优秀的任课教师。方案规定：若"两率一分"三项排名均在第八名之后，则取消该任课教师的质量奖。某届学生成绩两极分化比较严重，学校领导在毕业年级教师会上重点强调抓升学，以确保升学人数不减少，对"两率一分"则没有作过多的强调和要求。然而，中考成绩公布后，学校进行中考升学奖评选时却出现了问题。

年级主任制作升学奖励表格时将质量奖平均分配。校长看后没有签字，理由是奖励没有按升学奖方案执行，要求主任按方案规定分配奖金。这一事件引起老师们的争论，部分"两率一分"排名较差的老师认为他们是按校长的要求增加升学人数，而没有重视"两率一分"；再者，他们没有赶走后进生，"两率一分"排名自然就低。年级主任重新制作分配表，将质量奖分为三等，但是，仍没有按原方案执行。校长组织召开校务会就此事进行专门研究，认为原有方案是公平的，最终决定按升学奖方案规定执行，但"两率一分"较差的教师对奖励方案仍有异议。

（陈庆怀）

思考题

1. 校长坚持了原有的升学奖分配方案，你同意校长的决定吗？
2. 如果你是校长，你将如何消除教师中的异议？

3. 如果你是校长，你将如何运用奖金杠杆激励教师？
4. 请运用教育管理学的相关理论，对教师激励进行分析。

案例分析

奖励薪酬是现代学校管理的重要内容之一。在现代学校自主性加强的背景下，为激励教师，打破"大锅饭"的局面，学校设立奖金，奖励教师的教学教育成果及杰出贡献。学校奖励薪酬是一种一次性发放的薪酬，是教师在达到某个具体目标或业绩水准时所获得的收入。案例中的升学奖是奖励薪酬的一种，一方面，学校鼓励教师积极完成工作量，另一方面，激励教师培养更多的拔尖人才。奖励薪酬对教师行为有导向作用，激励教师行为向学校期待的方向发展。同时，它也是一把双刃剑，使用不当，会挫伤教师的积极性，不利于团队的合作与发展。

首先我们注意到，学校的升学奖分配方案是经校教代会讨论制定的，说明该方案有群众基础，获得了大部分人的支持。但方案代表的是普遍状况，在实施中却出现了例外情况——该届毕业生成绩分化严重。校长在会议中强调工作的重点在于提高学生的整体水平，保证升学人数。教师在提高升学人数上投入很大的精力，部分教师认为奖金并不能反映自身的工作成果。我们可以站在管理者的角度来看待升学奖分配问题。学校管理的制度性要求管理者依据制度行事，随意性的管理会造成人治，公平性很难把握，教师也会感到无所适从。朝令夕改，无法执行，势必会给学校管理带来混乱，从这个角度看，校长坚持原有的方案是有道理的。同时，激励不但要横向比较，也要纵向比较。后进生的成绩得到很大的提高，教师的努力不可忽视，校长对这部分成绩也应给予相应的奖励。这样可以消除教师的不公平感，否则，教师在以后的教学中会放弃后进生，一味追求"两率一分"。

从这个案例中，我们也可以引出教师激励。教师激励，即对教师的行动起激发、推动、加强的作用，分为内在激励和外在激励。内在激励即教师行动的动力来自自身，是激励的根本；外在激励是物质、环境、制度等推动教师行动的动力。外部激励可以向内部激励转化，产生更持久的动力。关于影响激励的因素，许多管理大师都提出过经典理论。马斯洛的需求层次理论提示管理者要先辨别员工的需要，然后才能提出相应的激励措施。赫茨伯格提出双因素理论，认为只有工作本身能够激励员工。随着薪酬多样化，薪酬的奖金部分可以满足员工尊重的需要，也具有了激励性。目标设置理论认为目标清晰、挑战性、参与性等都能够激励员工实现目标。案例中校长采用奖金制度奖励教师教学质量和工作量，满足了教师的成就需要，引导教师进一步改进工作。

激励方式分为物质激励和精神激励。物质激励通过经济手段激发动机，调动积极性。奖励薪酬属于物质激励的一种。精神激励通过理想、成就、荣誉、情感等非经济手段激发潜能，调动积极性。物质激励和精神激励两者相辅相成，互为补充，缺一不可。单纯的物质激励是外在的，容易导致短期行为，不利于学校的长期发展和团队建设。所以案例中校长对教师的激励可以加入精神激励，对于"两率一分"低但在提高后进生升学中做出成绩的教师给予肯定。

激励要兼顾公平性。管理中激励力量的大小往往取决于人们相互间的比较，即人们总是习惯于把自己的劳动、付出和得到的报酬、荣誉与他人进行比较，若比较后认为是公平合理的，就会激发工作动力，发挥积极性；否则，便没有积极性，或者积极性很低，甚至消极对抗。如案例中所述，部分教师认为奖励方案不公平，学校管理者应尽量降低他们的这种不公平感，否则对学校今后的工作会产生一定的负面效应，如忽视后进生等急功近利的事情也许就会发生，或者打击教师的积极性，使得教师在工作上没有原来那样投入。

总之，学校管理者应综合使用各种激励方式，同时注重激励的公平性，促进教师不断提高教学质量。

49. 综合实践活动课程该如何存在

> **案 例**

随着第八次课程改革在全国范围内的展开，全国的中小学纷纷将综合实践活动课程纳入课程体系，X中学为响应课改号召，也由校长牵头，成立综合实践活动课程开发小组，主要负责综合实践活动课程的规划和制定课程整体实施方案。经过一个学期的研究和策划，趁着假期教师们有时间参加集中培训，学校就组织了相关专业的教师，邀请了高校的专家和其他综合实践活动课程已经搞得比较成熟的学校的教师来学校进行培训。培训持续了三天，老师们纷纷表示培训力度较大，对综合实践活动课程的理论知识有了较为全面的了解，对综合实践活动课程的实践也有了一定的经验性的理解。

随着新学期的到来，X中学的综合实践活动课程正式上线，老师们抱着"摸着石头过河"的心态开始了新课程的尝试。由于初三学生马上要面临中考，学校决定综合实践活动课程不在初三年级开展。在课程开展之初，老师们虽然心里没底，但还算热情洋溢，但是随着工作的开展，一些实际的问题浮现出来：由于不是正式的中考科目，综合实践活动课程几乎被当作可有可无的一门课程，研究性学习成为了物理课的延伸，活动课成为学生习题课或者身体锻炼课；由于没有专职教师，综合实践活动课多由班主任兼任或者其他教师兼任，学校的领导层对综合实践活动课程也不重视，导致综合实践活动课让位于中考学科；学校对综合实践活动课程的教师工作量没有计量标准，相关教师失去工作动力；学校对教师的指导活动缺乏有效的监督，课程管理混乱影响教师指导的有效性。

综合实践活动课程不受重视，教师的工作也难以满足教师对职业的认同感。以下是一段发生在一位主课教师（语数外）和一位综合实践活动课程教师之间的对话：

教师 B："H 老师，你没课啊？"

教师 H："有课，上完了，我喝口水。"

教师 B："这么快？下课还有一会儿。"

教师 H："我要讲的内容讲完了，学生说数学作业多，要做数学作业。"

教师 B："你们的课就是轻松啊，提前下课领导也不管。"

教师 H："他们好意思管啊，我们课时奖系数只有0.6，你们系数1.2，我上这么多干吗？"

教师 B："那你们给领导说说呗，大家都一样上课。"

教师 H："有老师去 G 校长办公室说过，没用，人家说'你们不参加中考，差不多带着学生放松放松就行了'。再说我们和你们系数一样，你们能愿意吗？哈哈，你说是吧。"

学校对综合实践活动课程不重视，对任课教师工作量计算不能等同于中考考试科目的教师工作量，因而严重影响了综合实践活动课程教师的积极性，综合实践活动课程的存在价值岌岌可危。

（案例改编自《初中综合实践活动课教师有效指导策略的研究》，刘振，苏州大学2014年学位论文）

思考题

1. 面对案例中的问题，学校管理者是否要解决？如何解决？

2. 你认为，为何要开展综合实践活动课程？开展的意义是什么？

3. 除了案例里描写的问题，你认为在开展综合实践活动课程的过程中还有可能遇到什么问题？

4. 对于综合实践活动课程这种非中考科目，学校应该以怎样的方式引导教师和学生进行教学和学习？

案例分析

综合实践活动课程是一门基于学生的直接经验，密切联系学生自身生活和社会生活，注重对知识技能的综合运用，体现经验和生活对学生发展价值的实践性课程。它是综合程度最高的课程，具有自己独特的价值，是一门相对独立的课程，与其他课程相比，它具有整体性、实践性、开放性、生成性和自主性的特点。[①]

我国综合实践活动课程最初的形态是"第二课堂"和"课外活动"，1992年国家颁布实施的《九年义务教育全日制小学、初级中学课程计划》，将活动课程与学科课程并列纳入了学校课程体系之中，对学校的活动课程作出明确规定，提出活动课程包含四个方面的内容：晨会、团队活动、科学文化活动、体育活动。至此活动课程成为国家规定的正规课程。这初步改变了多年的分科课程结构，确定了学科与活动，选修与必修相结合的课程结构。2001年教育部颁发的《基础教育课程改革纲要（试行）》明确了我国综合实践活动课程作为一门国家必修课的独立课程地位。综合实践活动课程是在活动课程的基础上，建立了更具综合性、实践性、创造性的课程体系，包括研究性学习、社区服务与社会实践、信息技术教育、劳动与技术教育四大部分。这一次的课程改革强调综合实践活动中学生与社会的联系，关注活动中学生的体验，重点培养学生的创新精神和实践能力，突出了研究性学习在课程构成和实施过程中的特殊作用，强调了现代信息技术在活动中对学生的能力培养。

与传统的学科课程相比，综合实践活动课程有着丰富的内涵和鲜明的特点：首先，课程强调学生的主体性发挥，以学生的实践、亲身经历、社会存在以及科学技术等为核心内容；其次，课程旨在培养学生的多方面能力，例如，综合运用能力、创新能力、探索能力、社会适应能力、社会责任感以及实践能力；最后，综合实践活动是一门课程而不是活动，有其课程目标、课程实施方式、评价体系和课程管理体系。综合实践活动课程内容主要是面向

[①] 张华，等.综合实践活动课程研究［M］.上海：上海科技教育出版社，2009：5.

学生的生活、社会和大自然，通过学生自己的体验和实践，综合运用所学知识在实践活动中获取新的知识。综合实践活动课程没有国家统一的课标和课本，由各地方教育行政部门组织，根据学校所处地区和自身的特点，由学校主导开发课程，体现了国家、地方和学校三级管理课程的特点。

综合实践活动课程的实施对学校的管理、教育教学等方面带来了重重挑战。

首先，学校对综合实践活动课程的管理存在困难。如案例中所描述的，由于综合实践活动课程的本质是校本课程，没有纳入中考科目，很多学校也没有相应的专业师资配备，多由班主任或其他任课老师兼任，难以保证课程的综合性和实践性的落实；同时，由于不是专职教师，老师们日常的工作量大，精力有限，有可能会造成课程实施与日常教学、管理上的诸多矛盾；另外，领导的不充分重视也会导致课程流于形式。

其次，学校对综合实践活动课程教师的支持力度不足。开课之前，学校通常会组织教师进行课程培训，但是这些培训往往形式化、简单化和理论化。由于大多数任课教师不是专职教师，因此，在课程教学过程中，需要不断地进行再培训。但是目前的综合实践活动课程教师培训多以讲座的形式进行，这些培训内容以理论为主，采取集中的培训方式，由于没有实践过程的真实性和复杂性，培训往往只是纸上谈兵。教师们真正需要的是实践性的培训，以及在实践活动课教学过程中的持续性的、伴随性的、系统性的培训。同时，大多数综合实践活动课程的教师都是教好自己负责的一门课程，没有形成合作的态势，这不利于对学生活动的有效指导。学校应该将综合实践活动课程的教研活动纳入教研组常规工作，或者是年级组常规工作，定期召开会议，交流经验，进行教科研活动，使得教师之间互相学习、共同成长。此外，由于综合实践活动课程对教学场地、设备和材料等有一定的要求，很多学校较难满足这样的条件，特别是在中小学以学生的安全作为第一考虑的情况下，综合实践活动课程多被限制在校内甚至教室内进行。对于教学场地、活动材料及设备等，学校也往往只是"一切从简"，导致课程教学目标的简单化。

最后，学校未对综合实践活动课程及任课老师设立评价体系。由于综合实践活动课程的本质是校本课程，没有统一的评价标准，每个学校根据具体情况设立评价体系，存在一定的随意性和盲目性。综合实践活动课程的目的是增强学生的实践能力、动手能力、探索能力和创新能力等，因此不能使用传统的试卷考试方式对学生的学习成果进行考核，但是若使用发展性评价等多元评价手段，很难形成统一标准，缺乏考核的尴尬局面容易导致综合实践活动课程的开展流于形式，甚至逐渐沦落为其他主课的自习课。同时，由于没有考试成绩的评判，学校对综合实践活动课程任课老师的评价也很难科学地进行。部分学校以学生的活动成果或获奖情况作为对教师的评价标准，这样的方法过于简单，也不适用于所有的综合实践活动课程，且对课程实施的质量、深入情况等没有实质的监控作用。学校对教师评价的随意性，会直接影响教师的自我效能感、职业认同感和对课程的认同感。建立合理的评价制度和奖惩制度，让综合实践活动课程教师的工作评价与其他主课教师一体化，将综合实践活动课程教师的工作与职称、绩效评定挂钩，可以在一定程度上提高综合实践活动课程教师的工作积极性和效能感。

50. 班"走了"，怎么管理

> **案 例**

为了促进学生全面发展，打造更适合学生个体的课程表，打破原有课程和班级制教学的桎梏，近年来走班制成为了众多学校开始争相尝试的教学管理模式。N校是一所普通初中，校长及管理班子为了提升教学质量，促进学校的发展，决定于这学期加入"走班"大军中，但是在尝试之初，就遇到了很多问题，尤其是在学生管理方面，以下问题让教师们很是头疼。

1. 课堂纪律问题。

在走班制的实行过程中，学生在不同的教学班流动上课，此时班主任把握不到学生的行踪。一些学校撤销了"班主任"这个岗位，课堂纪律由当堂的任课教师接管，任课教师教学任务重，只能在一定程度上管理班级纪律，而且只能在自己的教学时间内管理班级纪律，往往造成了班级管理的碎片化；当教师同时教授多个教学班时，就更难记得学生的面孔和名字了，在管理过程中很难让学生对其产生敬畏的感觉；任课教师的主要任务是教学，因此一些教师认为只要自己的课堂"不乱"，就算完成了班级管理。在这样混乱的班级管理中，学生如果自律性不强，逃课怎么办？出了问题谁负责？这是家长和学校最担心的。因此，班级纪律管理问题成了走班制带来的重大问题，亟待解决。

2. 座位问题。

行政班一人一座，座位相对固定，每个学生对自己的座位有打扫和保护的义务，座位的设置也是班主任管理班级的一个手段；走班之后一个座位就有多个主人，学生对自己的座位没有"主人翁"意识，一些对保护公共设施意识不强的孩子或者上课不好好听讲闲得无聊的孩子经常会在使用后留下自己的"杰作"——写写画画、垃圾或者忘记带走的个人物品等，学校需要专门安排工作人员打扫教室，同时也要更关注学生的德育教育；由于没有相对固定的位置，学生经常因为座位问题发生争执和打闹，最常出现的情况就是已经上课了，学生还在为争抢更好的位置吵闹；由于原来的座位相对固定，任课教师看一眼空座位就大概知道哪位学生缺课了，但是开始走班后，教师们几乎每节课都要点名，占用了课堂教学的时间。

3. 学习辅导问题。

以往在行政班，学生会利用下课时间请教老师问题，或者利用课余时间到办公室询问。走班以后，学生下课请教问题的做法已经不太现实。首先，学生要赶到一个教学班上课，提问会占用走班的时间。其次，如果学生都扎堆在课后提问，会影响该教学班的上课节奏，教室门口还会出现拥堵的现象。再次，有时教师也要换到另外的教室去上课，未必有空解答学生的疑问。等到学生和教师都有时间了，彼此也不知道身在何处了。如此说来，学生的学习辅导就出现"真空"地带。

4. 作业收发问题。

以往行政班的作业管理大致如下：教师习惯于课后布置作业，次日由学生将作业收齐交至办公室。教师批改之后，能快速获取信息，主要是作业的上交情况和完成质量，并及时将问题反馈给学生。收发作业在行政班里本不算什么大事，但遇上走班，收发作业这件简单的事也变得不简单了。一个教学班有多个行政班的学生，一个教师要教多个班级，很难催促散落在整个年级的学生交作业；就算安排"课程班长"收作业，这些还要忙于走班的"课程班长"也很难抓住课间都在走班的同学们交作业。

（案例改编自《走班制背景下普通高中生管理问题研究》，林海妃，华东师范大学2014年硕士论文）

思考题

1. 你还能想到由走班制带来的其他教学管理问题吗？
2. 你能提出解决以上问题的方案吗？

3. 走班制的意义是什么?

4. 除了教学管理问题,走班制还有可能带来哪些问题?

案例分析

走班制效仿大学的选修课形式,由学校设置课程安排教师,学生可以跨班级甚至跨年级选修自己喜欢的课程以获得相应的学分,由于这种形式下的学生会在课间游走于各个教室之间,因此被形象地称为"走班制"。

走班制教学具有以下几个特点:(1)流动的班级。走班制打破了以往行政班的组织形式,以学生的兴趣点和知识基础为立足点,由学生自己选择学习的内容和班级,没有固定的教室和相对固定的座位。(2)多样化课程。为满足学校的多元需求,课程开发是走班制的"标配",学校必须集合全校教职工的力量,打破原有国家级课程的桎梏,开发地方课程和校本课程,为学生提供更多适合自己的选择;有些既往走班制的成功案例还将国家级课程改编成更适合自己学校教师教学的"主题式"、"问题导向式"、"话题式"等各种形式的课程体系,在完成课标的基础上,发展"生本"课程,促进学生全面发展。(3)动态性分层。走班制下的学校不再以固定的年级进行学生管理,而是根据学生某一课程的水平和能力将其安置于一个班级,这就意味着一个学生在不同的学科内可能处在不同的层次,也意味着学生根据自己的学习情况,可以升到高层次的班级或降到低层次的班级,上升或下降完全和学生自己的学习情况挂钩,因此会起到激励学生的作用。(4)流动性集体。由于走班制没有固定的行政班级,参与走班的学生就有机会接触到更多的同学和教师,这对学生的社会化起到促进作用,也让学生有机会接受到多元师资的教学。

走班制打破了原有行政班的班级组织形式,给学校的教育教学工作带来了许多挑战:

1.学生管理问题。

走班制下的教学班是一个相对流动的集体,同一个班可能由不同行政班甚至不同年级的学生组成。这样的班级具有临时性、松散性。就班级的建立来看,这样的班级是由于部分学生根据自己兴趣的需要选择了同一门课程而形成的，最终随着课程的结束，班级也会随之解散，组织关系较为松散。流动的学生加大了班级管理的难度，以班主任为主的管理层很难发挥原有的作用，因此，需要考虑如何分担班主任的管理职责。如果同时还存在行政班，该如何平衡行政班和教学班的管理工作？学生根据自己的兴趣和需求选课，那班级管理能否做到以学生为本呢？因此，学校要重新考虑学生和班级的日常管理制度。

2. 学校德育管理问题。

德育管理难题的出现主要与班主任的职能被削弱有关。在原有行政班的制度下，班主任是一个班级德育、教学、纪律的主要负责人，现在由于没有了行政班这种组织形式，班级风气、班级荣誉、班级归属感等也逐渐消失。走班制的实行降低了行政班和班级组织的教育功能，影响班风、学风的建设。随着走班制的实行，班级管理模式相应地发生改变，班主任的角色由导师、辅导员等代替，行政班的组织由社团、教学班等代替，德育管理工作也需要有新的改革制度。

3. 教学班的设置问题。

首先，由于走班制的课程选择是基于学生自己的兴趣和需求进行的，因此，难免出现"门庭若市"和"门可罗雀"的对比情况。前者会让教师压力太大，受教室的限制也不可能满足所有学生的需求；后者若是开课是一种资源浪费。前后情况一对比，会让教师之间产生分歧，不利于学校教师队伍的团结，为此，学校要考虑如何规划走班教室才既满足需求又能充分利用资源。其次，走班制的实行使得学生们不再在固定的教室学习，常常在课间10分钟的休息时间内要奔走于教学楼的不同楼层，容易在混乱中耽误上课时间，甚至发生碰撞造成事故，如何安排教学班的位置以方便学生的"走班"也是学校需要思考的问题。再次，行政班的撤销意味着学生不再以班级的形式上自习、休息、娱乐，那么教室在课余时间的安排也成了一个需要解决的问题，应该通过整合校园空间，让学生们有休息、娱乐、交往的空间。最后，教室成了公共场所，对教室卫生的打扫和保持、对桌椅板凳等公共物品的保护都需要重新安排。

为解决以上问题，可以考虑采取以下方法：

1. 对于日常学生班级管理的问题，为解决班主任职能弱化、班组织归属和教育功能的减弱、行政班和教学班二元共存的问题，学校可以采取任课教师包班制和导师制的措施解决课堂教学和日常管理的问题。前者主要是指让任课教师肩负起教学班的管理工作，负责教学班的常规管理，是教学班中教学、纪律、财务、安全管理的第一负责人。任课教师要在保证课堂教学质量的基础上，加强管理意识，增强责任心。

2. 对于学生德育问题，为解决走班制下德育管理责任不明的问题，需要改变德育的旧观念，建立德育的全局观，将德育的责任分配给导师和学生，由导师引领监督，学生自主管理，发挥学生会、学生自治会或学生社团等学生组织的作用，让学生在内部形成自由的德育环境和德育管理办法，在建立健全德育管理机制的同时，训练学生的自我管理和组织管理能力。

3. 对于教学班的设置问题，需要学校管理人员对学校的硬件资源进行合理统筹。一般来说，走班制下的教学场所主要有学科教室、多功能教室和教师办公室，就这三个场所而言，学科教室要为学科教学工作提供基本的硬件设施，教师在教学过程中可以按照自己的需求安排学生的座位和教室的布局；多功能教室要承载更多的教育功能，体现功能特色，以"实用"和"高效"为设计的标准；教师办公室的设计要缩短与学生的距离，方便教师和学生进行交流。

走班制的设计是为了促进学生的全面发展，"走班"只是一种形式，其背后则是上至学校的组织管理，下至教师对每一个学生的教学工作都要参与改变的过程，是一个涉及全校每一个师生的系统工程，因此，管理人员必须在实行走班制之前作足准备，让走班制真正为学生发展、教师发展和学校发展发挥实效。